LEGAL PRACTICE OF DIGITAL ADVERTISING

デジタル広告法務

実務でおさえるべきFAQ

池田・染谷法律事務所 編著

商事法務

　この香油で、老人を若者に。百万回の効果あり─

　古代エジプトで、人類最古の広告を載せたメディアはパピルス紙だった
ようです[1]。それから五千年が流れた現在、広告発信の主役はデジタルメ
ディアです。バナー広告にリスティング広告、SNS広告にアフィリエイト
広告など、日本でも新しい形態が次々と生まれては育っています。コロナ
禍の2021年には、インターネット広告費が新聞・雑誌・ラジオ・テレビの
いわゆる「マスコミ4媒体」の総額を初めて上回ったことが話題になりま
した[2]。

　しかし、どれだけメディアが移り変わっても、広告が人々に考案され、
作成され、世に出され、時にはトラブルを起こしてきたことは変わりあり
ません。そして、法律が、場面場面で軛（くびき）として存在してきたこ
とも変わりません[3]。

　本書は、広告実務に携わるすべての方に、広告実務でよく顔を出す法律
を、広告の企画、作成、配信・運用、終了、トラブルの各局面に分けた上
で、Q&A形式によって法律と問題解決の糸口を解説するものです。

　特に、デジタル時代の情報の海は果てしなく広大です。前提知識なく、
インターネットを彷徨いながら、関連する法律の関連する条文にぴたりと
行き着くのは至難の業です。そうだとすれば、必要な情報が過不足なく盛
り込まれた、コンパクトで正確なガイドブックがあれば、まずは問題とな
る法律の概要を把握することが可能です。その上で、問題解決のために、

---

1) ジャック・パンセ、イヴァンヌ・デランドル、青山典子訳『美容の歴史』（白水社、1961年）27頁。
2) 「日本経済新聞」2022年2月24日付記事（https://www.nikkei.com/article/DGXZQOUC244UW0U2A220C2000000/）
3) 高桑末秀『広告の世界史』（日経広告研究所、日本経済新聞社、1994年）によると、イギリス
では既に14世紀から15世紀初めにかけて、さまざまな規制が加えられていた（47頁）。

特定の法律をもっと深く知る必要がある場合には、ガイドブックを片手に、関係法令を所管する省庁のサイトや専門書などを確認することも可能です。本書は、ビジネスパーソンの方にこのようなガイドブックとして使っていただくべく執筆されたものです。

　ところで、広告分野には様々な法律が適用されます。それらの法律について、詳しく知りたいというお声もあると思います。しかし、本書は、上記のとおり、ガイドブックとしての性質上、あえて各法律を詳細に解説していません。とはいえ、一口に広告規制といっても、何を防ぐことを使命としているかによって、規制の対象も範囲も異なります。このため、各ケースで唐突に各法律の条文を持ち出されても、法律自体が目指すところがまったく見通せないままでは、いたずらに読者を迷わせるおそれもあります。

　こうした観点から、本書に頻出する法律の概説をしているQAを予め示します。①広告が一般消費者に誤解を与えることを防ぐための規制である、景表法、特商法は、 Q1 、 Q3-Q4 、 Q9-Q12 、 Q15 、 Q17-Q27 、 Q29-Q30 、 Q34-Q40 、 Q43 に、②広告により企業努力を毀損することを禁じる不競法、著作権法、商標法は、 Q1-Q2 、 Q4 、 Q8 、 Q10 、 Q13-Q14 、 Q30 、 Q37 に、③広告によるユーザ個人の情報の利用について規制する個人情報保護法については、 Q6-Q8 、 Q28 、 Q41 に、④マーケットの公正と自由の毀損を阻止する独禁法、下請法は、 Q5 、 Q16 、 Q31-Q32 、 Q37 に登場します。

　また、本書のQ&Aは、広告の企画（第1章）、広告の作成（第2章）、広告の配信・運用（第3章）、広告の終了（第4章）、広告とトラブル（第5章）という構成ですが、それぞれの章の区分は相対的なものです。すなわち、広告の企画の問題であるとともに、トラブルの問題でもあるということがありえます。このため、上記の章分けは厳格なものではなく、あくまで参考ということになります。

　なお、各Q&Aには私たちが日々の業務で企業の皆さまから頂くご質問・ご意見等に着想を得たものが含まれていますが、私たち自身の問題意識に由来するものもあり、いずれにしても実際の案件を引用するものではない旨、あらかじめ付言させていただきます。各QAの回答が、各執筆者の考えを記載したものであることにも、あわせてご留意願いたいと思います。

　最後に、去る2023年2月、本書の構想を宿らせて下さった商事法務の井上友樹氏が急逝されました。故井上氏は当時NBL編集長であり、同誌の編集に多忙を極めていたにもかかわらず、本書の企画に多大なお力添えをいただきました。本書は、衷心より故井上氏およびご家族に捧げます。

　故井上氏を引き継ぎ、執筆に併走下さった商事法務コンテンツ制作部の皆さまに、厚く感謝申し上げます。

　2024年3月

執筆者を代表して　染　谷　隆　明

福　島　紘　子

目　次

第3章　広告の配信・運用

第4章　広告の終了

第5章 広告とトラブル

凡　例

(1)　本書では「商品または／および役務（サービス）」を「商品・役務」と記す。

(2)　法令の略語は以下のとおりである。条文を引用する場合には、括弧内の略
語を使用する。

会社法（会社）　会社法（平成17年 7 月26日法律第86号）

景表法（景表）　不当景品類及び不当表示防止法（昭和37年法律第134号）

刑法（刑）　刑法（明治40年法律第45号）

健康増進法（健康増進）　健康増進法（平成14年法律第103号）

個人情報保護法（個人情報）　個人情報の保護に関する法律（平成15年法律第
57号）

個人情報令（個人情報令）　個人情報の保護に関する法律施行令（平成15年法
律第507号）

個情委規則（個情委規則）　個人情報保護委員会規則（平成28年個人情報保護委
員会規則第 3 号）

資金決済法（資金決済）　資金決済に関する法律（平成21年法律第59号）

下請法（下請）　下請代金支払遅延等防止法（昭和31年法律第120号）

下請令（下請令）　下請代金支払遅延等防止法施行令（平成13年政令第 5 号）

3 条規則　下請代金支払遅延等防止法第三条の書面の記載事項等に関する規則
（平成15年12月11日公正取引委員会規則第 7 号）

消契法（消契）　消費者契約法（平成12年法律第61号）

商標法（商標）　商標法（昭和34年法律第127号）

著作権法（著作）　著作権法（昭和45年法律第48号）

電気通信事業法（電気通信事業）　電気通信事業法（昭和59年法律第86号）

電気通信事業施行規則（電子通信事業施規）　電気通信事業法施行規則（昭和
60年郵政省令第25号）

透明化法（透明化）　特定デジタルプラットフォームの透明性及び公正性の向
上に関する法律（令和 2 年法律第38号）

透明化令（透明化令）　特定デジタルプラットフォームの透明性及び公正性の
向上に関する法律第 4 条第 1 項の事業の区分及び規模を定める政令（令和 3

年政令第17号）

透明化法施行規則（透明化施規）　特定デジタルプラットフォームの透明性及び公正性の向上に関する法律施行規則（令和3年経済産業省令第1号）

特商法（特商）　特定商取引に関する法律（昭和51年法律第57号）

特商法施行規則（特商施規）　特定商取引に関する法律施行規則（昭和51年通商産業省令第89号）

特電法（特電）　特定電子メールの送信の適正化等に関する法律（平成14年法律第26号）

特電法施行規則（特電施規）　特定電子メールの送信の適正化等に関する法律施行規則（平成14年総務省令第66号）

独禁法（独禁）　私的独占の禁止及び公正取引の確保に関する法律（昭和22年法律第54号）

取引DPF法（取引DPF）　取引デジタルプラットフォームを利用する消費者の利益の保護に関する法律（令和3年法律第32号）

不競法（不競）　不正競争防止法（平成5年法律第47号）

民法（民）　民法（明治29年法律第89号）

薬機法（薬機）　医薬品、医療機器等の品質、有効性及び安全性の確保等に関する法律（昭和35年法律第145号）

GDPR（GDPR）　REGULATION OF THE EUROPEAN PARLIAMENT AND OF THE COUNCIL on the protection of natural persons with regard to the processing of personal data and on the free movement of such data, and repealing Directive 95/46/EC（General Data Protection Regulation）：個人データの取扱いに係る自然人の保護及び当該データの自由な移転に関する欧州議会および欧州理事会規則（一般データ保護規則）

⑶　告示・ガイドライン等の略語は以下のとおりである。

一般指定　公正取引委員会「不公正な取引方法に関する一般指定」（昭和57年6月18日公正取引委員会告示第15号）

おとり広告告示　消費者庁「おとり広告に関する表示」（平成5年4月26日公正取引委員会告示第17号）

おとり広告告示運用基準　消費者庁「『おとり広告に関する表示』等の運用基準」（平成5年4月28日事務局長通達第6号）

価格表示ガイドライン　公正取引委員会「不当な価格表示についての景品表示法上の考え方」（平成12年6月30日）

景品類定義告示運用基準　消費者庁「景品類等の指定の告示の運用基準」（昭和

52年4月1日事務局長通達第7号）

個人情報ガイドライン（通則編）　個人情報保護委員会「個人情報の保護に関する法律についてのガイドライン（通則編）」（平成28年11月）

個人情報ガイドラインQ＆A　個人情報保護委員会「『個人情報の保護に関する法律についてのガイドライン』に関するQ&A」（平成29年2月16日）

最終確認画面ガイド　消費者庁「通信販売の申込み段階における表示についてのガイドライン」（令和5年4月21日付通達別添9）

ステマ告示　消費者庁「一般消費者が事業者の表示であることを判別することが困難である表示」（令和5年3月28日内閣府告示第19号）

ステマ運用基準　消費者庁「『一般消費者が事業者の表示であることを判別することが困難である表示』の運用基準」（令和5年3月28日消費者庁長官決定）

総付告示　公正取引委員会「一般消費者に対する景品類の提供に関する事項の制限」（昭和52年3月1日公正取引委員会告示第5号）

総付告示運用基準　公正取引委員会「『一般消費者に対する景品類の提供に関する事項の制限』の運用基準」（昭和52年4月1日事務局長通達第6号）

特電法ガイドライン　総務省、消費者庁「特定電子メールの送信等に関するガイドライン」（平成23年8月）

比較広告ガイドライン　公正取引委員会「比較広告に関する景品表示法上の考え方」（昭和62年4月21日）

不実証広告ガイドライン　公正取引委員会「不当景品類及び不当表示防止法第7条第2項の運用指針―不実証広告規制に関する指針―」（平成15年10月28日）

返品特約ガイドライン　消費者庁「通信販売における返品特約の表示についてのガイドライン」（令和5年4月21日付通達別添7）

流通・取引慣行ガイドライン　公正取引委員会「流通・取引慣行に関する独占禁止法上の指針」（平成3年7月11日）

第1章

広告の企画

Q1 比較広告における商標権侵害とその考え方

商品の広告を企画するにあたり、競合品との比較をして当社商品の性能を訴求することを企画しています。比較したい競合品の中には商標登録されている商品名もありますが、そのような他社商品名を出して比較広告を作成することに何か問題がありますか。

A 商標登録された名称は権利者が独占的に使用できるのが原則だが、本問のように、商標的使用に当たらない比較広告では、広告内に競合品の商品名を使用しても商標権侵害とはならない。なお、比較広告においては景表法の比較広告ガイドラインに適合させるとともに、不競法の信用毀損にも該当しないように気を付ける必要がある（ Q2 も参照）。

解 説

① 商標権

(1) 商標とは

商標とは、事業者が、自己（自社）の取り扱う商品・サービス（商品等）を他人（他社）のものと区別するために使用する識別標識（マーク）である。文字、図形、記号、立体的形状、色彩やこれらを組み合わせたもののほか、動き、ホログラム、音などの種類がある（商標2条1項）。

そして、事業者の営業努力によって商品等に対する需要者の信用が積み重なり、商標にも「信頼がおける」「安心して買える」といったブランドイメージがついていくこととなる。商標は需要者が商品等を選択する際に重要な役割を担っており、信用のある商品やサービスのマークやネーミングを財産として守るのが商標権である。商標権は、識別標識（マーク）

と、そのマークを使用する商品等の組合せで1つの権利となっている。すなわち商標登録にもその商標を使用する商品・役務が指定されており、この指定商品・役務によって、保護される権利の範囲が決まる。

⑵ 商標の機能

商標は、大きく3つの機能を有する。

1つ目は、**出所表示機能**であり、同一の商標を付した商品等は、一定の生産者、販売者または提供者によるものであることを示す。需要者は、商品等に付された商標を認識して商品等を入手しようとするため、商標はある事業者の商品等を他人のものと区別する機能を有していることとなる。

2つ目は**品質保証機能**であり、同一の商標を付した商品等は、常に一定の品質を備えているという需要者の信頼を保証している。一定の品質を保った商品等を提供することにより需要者から信用や信頼が得られ、その商品等につけられている商標を見ただけで、どのような品質のものものかが分かるようになる。

3つめは**広告的機能**である。商標を広告に使用することにより、その事業者の商品等であることを需要者に伝え、商品等の購買・利用を喚起させる。自己の商標を付した商品等を広告することは、その商品等を利用していた需要者に対してはさらにその信用・信頼を深く印象付け、今まで利用したことのない需要者に対しても良いイメージを印象付けることによって購買意欲を持たせることになる。

② 商標権侵害

⑴ 権利者の独占使用とその範囲

商標登録の効果として、権利者は指定商品または指定役務について登録商標を独占的に使用でき（**専用権**。商標25条本文）、権利者以外の第三者は使用することができない。

第三者が指定商品・指定役務と同一の商品・役務に、登録された商標と類似する商標を使用することや、第三者が指定商品・指定役務と類似する商品・役務に登録商標と同一または類似の商標を使用することは商標権侵

害となる（商標37条1号）。

(2)　商標権侵害の場合の措置

　商標権を侵害した場合、権利者によって、侵害行為の差止め、損害賠償等が請求される可能性がある。損害賠償請求権には損害額の推定規定もあり、被害者の立証負担の軽減がされている（商標36条、38条）。また、刑事罰もあり、商標権を侵害した者は10年以下の懲役または1,000万円以下の罰金に処すると規定されている（商標78条）。なお、商標権の効力は日本全国に及ぶが、外国には及ばない。

③　商標権侵害とならない場合

　以上をみると、本問のように競合品の名称が商標登録されている場合、一見すると競合品の名称の「使用」はできないように思われる。しかし、商標は前記3つの機能を有するのであり、これらの機能を害さない態様で使うこと等、使用が許される場合がある。

(1)　商標的使用でない場合

　「需要者が何人かの業務に係る商品又は役務であることを認識することができる態様により使用されていない商標」（商標26条1項6号）である場合、つまり、自他商品（役務）識別機能または出所表示機能が発揮されていない使用は「商標的使用」とはいえないので、商標権侵害とはならない。

　例えば、特定商品・サービスについて使われることが多いような文字である場合、それらを使用しても商標権侵害とならないとされる。一例を挙げれば、特定商品・サービスとの関係で、「Gross」等、商慣習上数量を表示する際に一般的に用いられる表記として需要者に認識される場合がある（特許庁「**商標審査基準**」第1の八参照）。

　ただし、商標的使用でない場合かどうかは、個別具体的に、登録商標の自他商品（役務）識別機能を害しないか、出所表示機能を害しないかの検討が必要であり、実際の広告とする場合には十分注意が必要となる。

(2) 普通名称

　また、商品または役務の普通名称、品質等を普通に用いられる方法で表示する場合は、商標権侵害とならない（商標26条１項）。例えば、他人の商品・役務の普通名称や品質を表す文字等が登録されている場合であっても、商品・役務の普通名称や品質を表すものとして使用する範囲においては、商標権者以外の第三者も自由に使用することができる。

　普通名称と判断された例として、整腸剤の「正露丸」（東京高判昭和46・９・３判タ269号204頁）、節分用巻き寿司の「招福巻」（大阪高判平成22・１・22判タ1321号197頁）、歯科技工用道具の「ジルコニアバー」（大阪地判令和２・９・７）がある。

④　比較広告と景表法・不競法

　自社広告において、商標登録された競合品の名称を使用すること自体は可能であるとしても、比較広告の内容については景表法や不競法にも注意が必要である（Q21 を参照）。

⑤　本問の検討

　本問では、広告内に、他社の商標登録された商品名を記載するため、形式的には商標権を侵害しているようにみえる。しかし、使用態様をよく見ると、自社商品と比較するための競合品として商標を使用しているのであり、自社商品の販売主が広告表示者であることが明らかであって、競合品と自社商品との識別ができないおそれ、競合品の出所が自社であると誤解されるおそれはないといえる。また、競合品の品質保証機能や広告機能を損なうおそれもないと考えられ、商標的使用ではないといえる。したがって、本問のように、自社商品の広告内で、自社商品と比較するために競合品の名称を記載することは可能である。

　なお、景表法や不競法の規定にも留意する必要があることは前記のとおりである。

（土生川）

Q2 キャッチコピーにおける不競法、著作権法違反とその考え方

> キャッチコピーや広告表現を企画するにあたり、法律上、他人の権利を侵害するリスクを確認したい場合、どのような点に気を付ける必要がありますか。なお、商品名を含め、他社の商標登録には抵触しないことは確認済みです。

> **A** 商標権を侵害していなくても、キャッチコピーや広告表現が不競法違反となる場合や、パブリシティ権を侵害する場合、著作権法違反となる場合が考えられるため、注意が必要である。

解説

1 キャッチコピーや広告表現に関する法律上の問題

　貴社では確認済みとされているが、まず自社の案が他人の商標として登録されているか否かはまず確認すべき点といえる。商標は、登録されている場合、特許情報プラットフォーム（J-Platpat（https://www.j-platpat.inpit.go.jp/））で無料で閲覧でき、比較的簡単に確認できる。

　他方で、商標を確認すれば十分かというと、そうともいいきれない。特に、キャッチコピーや広告表現等を作成する際に注意すべき商標権以外の法律として、以下順に、不競法、パブリシティ権、著作権について解説する。

2 不競法

(1) 周知表示混同惹起・著名表示冒用の禁止

　商標でなくても、広く知られた他人のキャッチコピーや表現といった表示を自由に使用することはできない場合がある。具体的には、広く知られ

た他人の商品等の表示と混同されるような表示（周知表示混同惹起。不競2条1項1号）、他人の著名な表示を自己の表示として使用する行為（著名表示冒用。不競2条1項2号）は禁止されている。

(2)　「周知表示」「著名表示」

周知表示とは、他人の商品・営業等の表示（商品等表示）として広く認識されているものをいう。商品等表示とは、業務に関連する氏名、商号、商標や商品の容器・包装等の表示のことである。周知表示の「広く認識されている」とは、一般に知られている必要はなく、特定の世代でよく知られている、特定の分野においてよく知られている程度でかまわない。

著名な表示とは、他人の商品等表示として世間一般に知られていることをいう。特定の取引相手や消費者にとどまらず、全国的に知られている場合、「著名」といえる。過去に著名表示に該当するとされた例には、三菱の名称およびスリーダイヤのマーク、JALの赤い鶴のマーク、ルイ・ヴィトンのモノグラム、任天堂の「MARIO KART」およびマリオのキャラクターコスチュームなどがある。

いずれも、自己の表示として使用する場面では、周知表示・著名表示と同一または類似のものが不競法上問題となる。

(3)　**違反行為**

周知表示の場合は、混同を生じさせる行為が違法とされている。混同を生じさせる行為とは、商品等の出所や販売等の営業の主体を他人と混同させることをいう。需要者が商品等の出所や営業主体を混同する場合はもちろん、実際に混同することまでなくても、緊密な営業上の関係や同一の表示の商品化事業を営むグループに属する関係があると誤信させることも含まれる。

著名表示の場合には、混同や、グループに属する関係の誤信すら必要ない。著名表示と同一または類似の表示を自己の表示として使用すれば違反となる。

以上をまとめると下表のとおりである。

	周知表示混同惹起 （1項1号）	著名表示冒用 （1項2号）
他人の商品等表示	特定の取引者や需要者の間で広く知られている（周知）	需要者以外にも一般に広く知られている（著名）
自己の表示	周知表示と同一または類似	著名表示と同一または類似
違反行為	商品の出所・営業主体を混同させる	自己の表示として使用等

(4)　違反した場合

　周知表示の混同惹起、著名表示の冒用をした場合には、不競法上、**民事上の措置**（差止請求（不競3条1項）、損害賠償請求（不競4条）、信用回復措置請求（不競14条））および**刑事上の措置**（不競21条2項1号・2号。会社も処罰される両罰規定は不競22条3項）が規定されている。

　実務上も、本来の表示者から民事訴訟を提起されている事例は多くみられる。不競法には損害賠償を請求できる範囲を商品の内容そのものに限定した規定はないため、広告が不競法に違反した場合でも、差止請求や損害賠償請求をされる可能性は十分に考えられる。

(5)　本問における注意点

　以上のように、キャッチコピーや広告表現の作成にあたっては、商標登録の確認のみでなく、不競法の観点から、他人の周知表示、著名表示と同一または類似の表示が含まれていないかをも確認する必要がある。

③　パブリシティ権

(1)　パブリシティ権とその侵害行為

　商標登録されていない名称等に関する問題点として、有名人等の氏名や画像を使用する場合のパブリシティ権がある。法律上の定義はないが、判例上（最判平成24・2・2民集66巻2号89頁）、**パブリシティ権**とは、人の氏名や肖像等が商品の販売等を促進する顧客吸引力を有する場合に、顧客吸引力を排他的に使用する権利とされている。肖像等が顧客吸引力を有する場合であるから、基本的には著名人、有名人が問題となりそうである

が、不競法のような「周知」「著名」等の要件でなく「**顧客吸引力**」があ
ればよいと考えられるため、一部特定の分野で知られている人物も該当す
る可能性がある。

　画像を無断で使用する行為のうち、①画像それ自体を独立して鑑賞の対
象とする行為、②他社との差別化を図る目的で特定の画像を商品に付す
キャラクター商品、③画像を商品広告として使用するなど専ら顧客吸引力
の利用を目的とする利用行為等が、パブリシティ権の侵害行為である。

　パブリシティ権侵害に対しては、差止請求、損害賠償請求が認められう
る。

(2)　物のパブリシティ権

　物にもパブリシティ権が認められるかは、実際の競走馬の名前を使用し
た競馬ゲームについて、競走馬の馬主らがゲーム会社らを訴えた事件で争
点となった（ギャロップレーサー事件、ダービースタリオン事件）。このうち
ギャロップレーサー事件について、最高裁判所（最判平成16・2・13民集58
巻2号311頁）は、競走馬の名称等が顧客吸引力を有するとしても、法令等
の根拠なく競走馬の所有者に排他的な使用権を認めることは相当でないと
判示し、物のパブリシティ権を否定した。人のパブリシティ権は人格権に
由来するものとされているが（前掲最判平成24・2・2）、物については人
格権がないため、パブリシティ権も認められなかったのである。

(3)　本問における注意点

　パブリシティ権の侵害となる可能性があるため、有名人はもちろん、一
般的な知名度は高いといえなくても顧客吸引力のある、例えばSNS上のイ
ンフルエンサーの氏名や画像を広告に使用する場合には、基本的には本人
の承諾を得たり使用権の確認をする必要がある。

　物であれば、法律上パブリシティ権の問題は生じないと考えられる。し
かし、実務では、物であっても所有権者の許可を得たり使用権料の支払い
を含む契約がされたりする場合もある。物の所有者との関係性等に鑑み
て、紛争予防の観点から個別事情に即した判断が必要となる。

4　著作権

登録のない権利との関係では、**著作権**も問題点となりうる。

(1)　著作物性

著作権法によれば、①思想または感情を②創作的に③表現したものであって、④文芸、学術、美術または音楽の範囲に属するものは、著作物として保護される。

しかし、キャッチコピーや広告表現は、一般的に短い語の組み合わせであって選択肢が少ないため表現の幅が小さく、②創作性の要件を欠き、著作物性が認められない場合が多いと考えられる（知財高判平成27・11・10裁判所ウェブサイトに同旨）。そして、仮に著作物性があるとしても、同一性または類似性が認められて著作権法によって保護される範囲は狭くならざるをえず、いわゆるデッドコピーの類の使用を禁止するにとどまることも少なくない（東京高判平成13・10・30判時1773号127頁〔交通安全スローガン事件〕に同旨）。

(2)　本問における注意点

キャッチコピー等の広告表示は、他人の表示に著作物性の認められにくい、または自社の表示が著作権法違反となりにくい類型といえる。ただし、裁判例もキャッチコピーにおよそ創作性がないと明言はしておらず、個別事案に応じて創作性の判断が必要である。

（土生川）

Q3 ギフティングとステルスマーケティング

インフルエンサーに対して、広告宣伝の依頼は行わず当社商品の無償提供のみ行うことを企画しています。感想を投稿する際には「広告」等の文言は書かないように求めたいのですが、問題はありますか。

A 単なる商品提供やSNS等を通じた投稿を依頼するのみでは、直ちに問題とはならないと考えられるが、それを超えて、投稿内容に関するやり取り（特定の内容の投稿をすることで何らかの経済上の利益を提供することを示唆する言動等も含む）を行う場合には、当該インフルエンサーによる投稿について貴社の投稿とされる可能性がある。

この場合、「広告」等と記載しないよう求めることは、それ自体、投稿内容の決定に関与したとみることができる上に、表示の上でも貴社の投稿であることが一般消費者にとって不明瞭となるため、貴社による不当表示に当たるおそれが高まると考えられる。

解説

1 ステルスマーケティングと不当表示規制との関係

広告であるにもかかわらず広告であることを隠す行為（いわゆる**ステルスマーケティング**）は、一般消費者に対し、実際は事業者の表示であるにもかかわらず、第三者の表示であるとの誤認を与えうる。これにより、一般消費者が表示内容にある程度の誇張が含まれることを考慮に入れなくなるため、一般消費者が自主的かつ合理的に商品・サービスを選択する機会が奪われかねない。

以前は、景表法にステルスマーケティング自体を規制する定めはなかっ

11

たが、**ステマ告示**が新たに指定され、2023年10月1日から施行されること
になった。これにより、ステマ告示に該当する表示は、不当表示として禁
止されることとなった。

② ステルスマーケティングの要件

(1) 概　要

　ステマ告示では、外形上第三者の表示のように見えるもののうち、①
「事業者が自己の供給する商品又は役務の取引について行う表示」（以下、
(2)参照）であって、②「一般消費者が当該表示であることを判別すること
が困難であると認められるもの」（以下、(3)参照）が、不当表示とされてい
る。当然ながら、「顧客を誘引するための手段として」行うなど、景表法
2条4項の「表示」に当たることが前提となる。

　なお、ステマ告示では、不当表示の要件について上記①②以外に表示内
容等の特段の限定がないため、商品等のメリットを訴求したり購入等を推
奨するとまではいえない表示（例：インフルエンサー等による、特定の商品
を使用している旨のSNS上の投稿）であっても、上記要件を満たす限り、不
当表示に該当する可能性がある。

(2) 要件①：事業者の表示主体性が認められること

ア　第三者による表示であっても、事業者の表示主体性が認められる場合

　ステルスマーケティングにおいてSNS上の投稿等を行うのは、通常、
メーカー等の事業者自身ではなくインフルエンサーやユーザーといった第
三者である。

　しかしながら、このような第三者による表示であっても、事業者が「表
示内容の決定に関与した」（**ステマ運用基準**第2）場合には、当該事業者が
表示をしたものとして当該事業者に対し、景表法の不当表示の規制が適用
されることとなる（インフルエンサーによるSNS上の投稿について、事業者の
商品に関する不当表示であるとされた例として、令和3・11・9付措置命令参
照）。

　イ　第三者に対して表示について明示的に依頼していない場合も、事業者の表示であると認められることがある

　最近、インフルエンサーや一般消費者に対して商品・サンプル等を提供し、SNSでその商品等を紹介してもらうマーケティング手法（ギフティング）が多くみられる。ギフティングの中には、内容を指定して明示的に広告発信を依頼しない場合もあるが、このような場合に事業者が「表示内容の決定に関与した」か、そして表示主体性が認められるかが問題となる。

　この点、ステマ運用基準によれば、「事業者と第三者との間に事業者が当該第三者の表示内容を決定できる程度の関係性があり、<u>客観的な状況に基づき、当該第三者の表示内容について、事業者と第三者との間に第三者の自主的な意思による表示内容とは認められない関係性がある場合</u>」には、事業者の表示主体性が認められる。

　下線箇所は、①事業者と第三者との間の具体的なやり取りの内容、②事業者が第三者の表示に対して提供する対価の内容、その主な提供理由、③事業者と第三者の間の過去・今後の対価提供の関係性の状況等の実態を踏まえて総合的に判断される。事業者の表示主体性が認められる例としては、商品等について表示することが、今後の取引実現可能性を含めた経済上の利益をもたらすことを、事業者が言外から感じさせたり言動から推認させる等の結果として、第三者がその商品等の表示を行う場合が挙げられている（以上、ステマ運用基準第２、１(2)イ（下線は引用者による））。

　ウ　第三者の表示が自主的な意思による表示内容と認められる場合には、事業者の表示とは認められない

　他方、ステマ運用基準によれば、「第三者が自らの嗜好等により、特定の商品又は役務について行う表示であって、<u>客観的な状況に基づき、第三者の自主的な意思による表示内容と認められる場合</u>」には、事業者の表示とならない。

　下線箇所は、①（直接・間接を問わず）事業者と第三者との間の表示内容についての情報のやり取り、②事業者から第三者に対する表示内容に関する依頼・指示、③第三者の表示の前後における事業者による表示内容に対する対価提供、④過去・今後における対価提供の関係性等、「事業者と

第三者との間に事業者が第三者の表示内容を決定できる程度の関係性があ
るか否か」により判断される（以上、ステマ運用基準第2、2(1)（下線は引
用者による））。

　　エ　ギフティングについていかなる場合に事業者の表示であると認め
　　　られるか

　以下のステマ運用基準が示す具体例からもわかるとおり、ギフティング
について事業者の表示であると認められるか否かは、極めて微妙な判断を
要する。

事業者の表示主体性	具体例
認められる	事業者が第三者に対してSNSを通じた表示を行うことを依頼しつつ、自らの商品又は役務について表示してもらうことを目的に、当該商品又は役務を無償で提供し、その提供を受けた当該第三者が当該事業者の方針や内容に沿った表示を行うなど（第2、1(2)イ(ア)）
認められない	事業者が第三者に対して自らの商品又は役務を無償で提供し、SNS等を通じた表示を行うことを依頼するものの、当該第三者が自主的な意思に基づく内容として表示を行う場合（第2、2(1)イ）

　今後の執行動向や具体的な適用結果の積み重ねによる運用基準の明確化
等を注視する必要があるが、少なくとも現時点のステマ運用基準等から
は、ギフティングと事業者の表示該当性に関しては概ね以下の整理がうか
がわれる。

・単に商品等の無償提供を行うのみでは、直ちに表示主体性は認め
　られない
・単にSNS等を通じた投稿を依頼するのみでは、直ちに表示主体性は
　認められない
・表示内容に関するやり取りの有無・内容が重要な判断要素となる
・事業者から第三者に対して特定の内容の表示を行うよう明示的な
　依頼等まではなくても、結果として第三者がその商品等について
　事業者の方針や内容に沿った表示を行う場合、当該事業者と当該第
　三者との間における表示に対して対価を提供する関係性等も踏ま

えてステマ要件①が認められる可能性がある

⑶　**要件②：一般消費者にとって事業者の表示であることが不明瞭であること**

　事業者の表示であることが記載されていない場合に加え、形式的には「広告」「PR」等と表示されていても、事業者の表示か否かがわかりにくい表示（例：「これは第三者としての感想を記載しています。」と記載）や、位置・色・（動画コンテンツにおける）表示時間数等において一般消費者が認識しづらい表示等、事業者の表示であることが不明瞭な方法で記載されている場合には本要件に該当する可能性があることに留意すべきである（ステマ運用基準第3、1。**Q27** も参照）。

⑷　**本問の検討**

　本問では、商品の無償提供に加えて、「広告」等と記載しないよう求めることは、それ自体、投稿内容の決定に関与したとみることができることから、当該依頼の結果なされる投稿は、貴社の表示であると判断され、ステマ告示要件①を充足する可能性がある。この場合において、実際の投稿に「広告」等の記載がないのであれば、表示の上でも貴社の投稿であることが一般消費者にとって不明瞭となり、ステマ告示要件②も充足し、貴社による不当表示に当たるおそれが高まると考えられる。

（細川）

UGCを用いたマーケティング

当社は口コミ等のUGC（ユーザー・ジェネレイテッド・コンテンツ）を使用したマーケティングを行うことを検討していますが、どのような点に留意する必要がありますか。

A 　著作権法との関係では、UGCを投稿したユーザーから当該投稿の二次利用の許諾を得ることが必要である。また、貴社が化粧品等ヘルスケア関連事業を営み、当該事業にUGCを活用する場合、薬機法の広告規制の適用があることから、同法の規制する誇大広告等に該当しないよう留意しなければならない。さらに、UGCにおいてステルスマーケティングが行われないよう管理することが求められる。

解説

1 UGCとは

　ユーザー・ジェネレイテッド・コンテンツ（User Generated Contents。以下「**UGC**」という）とは、プロフェッショナルではなくパソコンやスマートフォンの一般ユーザー（利用者）が作成する文章、音楽、映像等様々なデジタルコンテンツの総称をいう。具体的には、個人が行ったインスタグラムやX等のSNSの投稿、グルメや旅行サイトといった口コミサイトでの投稿、インターネットモールにおけるレビュー等が該当する。

　UGCをマーケティングに活用するメリットとしては、ユーザー自身が独自に発信するコンテンツであることから、消費者から見た場合、企業が発信するものと比べ、親近感やリアルさを感じる点が挙げられる。

　UGCサービスを運営する立場であるのか、UGCは運営していないがUGCに投稿された口コミを広告として活用するという立場であるのかに

よって、注意すべき点は異なるが、ここではいくつか代表的な留意点を解説する。

② 著作権法との関係

まず、UGCを運営する場合において、UGCに投稿されたコンテンツを自社商品のマーケティングの一環で活用するケースがある。このような場合に備え、当該投稿をしたユーザーから、当該UGCをマーケティングに活用する旨の許可をあらかじめ得ておく必要がある。なお、UGCサービスを運営している場合には、その利用規約において、ユーザーが当該UGC運営企業に対し、投稿したコンテンツの使用の許諾をすることを規定するのが通例である（ユーザーとの利用規約については Q33 参照）。

その他、ユーザーのコンテンツ自体が第三者の著作権を侵害していた場合、そのようなコンテンツをマーケティングに使用していた貴社自身も著作権侵害を問われうる点に注意が必要である。著作権侵害を誰が行ったかについての判断は、著作権侵害行為の「対象、方法」、「関与の内容、程度等の諸要素を考慮」して総合的に検討される（最判平成23・1・20民集65巻1号399頁）。もちろん、ユーザーとのUGC利用許諾や上記のUGC利用規約の内容として、投稿コンテンツが第三者の著作権を侵害していないことの表明保証をさせる規定を置くことはできるものの、上記の責任追及の可能性自体まで排斥できるわけではない。

③ 薬機法との関係

(1) 薬機法上の広告規制

貴社が医薬品、医薬部外品、医療機器、化粧品等（以下「医薬品等」という）のヘルスケア商品を供給する事業者である場合において、UGCに投稿された口コミを広告として使用する場合、一般人が作成したコンテンツであっても薬機法上の「広告」として規制の対象となりうる（薬機66条1項、68条）。

すなわち、薬機法における「広告」とは、①顧客を誘引する（顧客の購入意欲を昂進させる）意図が明確であること、②特定医薬品等の商品名が

明らかにされていること、③一般人が認知できる状態であることの3つの
要件をすべて満たすものをいう（「薬事法における医薬品等の広告の該当性に
ついて」平成10年医薬監第148号厚生省医薬安全局監視指導課長通知）。UGCそ
れ自体はユーザーがコンテンツをアップしていた段階では通常は①を満た
さずに「広告」といえない。しかし、貴社がマーケティングの一環として
UGCに掲載された口コミを自らの表示として用いる場合、①を満たし、
薬機法上の「広告」に該当することになる。

(2) 薬機法の誇大広告規制

　どのような表示を行うと薬機法上の誇大広告（66条1項）に該当するか
は、「**医薬品等適正広告基準**」（昭和55年薬発第1339号厚生省薬務局長通知）
を参照して判断を行うが、厚生労働大臣の承認を要するものについては、
承認を受けた効能効果を超えて効能効果の表示をしてはならない。承認を
要しない化粧品の効能効果の範囲は、「肌を整える」など56種類の化粧品
の効能の範囲内で表示する必要がある。また、医薬品等における効能効果
の体験談を広告で活用する場合、効能効果等の保証になり、誇大広告に該
当するおそれがある（「医薬品等適正広告基準の解説及び留意事項等につい
て」（平成29年薬生監麻発 0929第5号厚労省医薬生活衛生局監視指導麻薬対策
課長通知））。

④　ステルスマーケティング規制との関係

　いわゆるステルスマーケティング規制（ Q3 参照）が2023年10月から施
行されており、UGCの活用にあたっては、ステルスマーケティング規制
との関係にも留意する必要がある。

　景表法のステルスマーケティングとは、「事業者が自己の供給する商品
又は役務の取引について行う表示であって、一般消費者が当該表示である
ことを判別することが困難であると認められるもの」をいう。そして、消
費者庁が公表している**ステマ運用基準**によれば、「告示の対象となるの
は、外形上第三者の表示のように見えるものが事業者の表示に該当するこ
とが前提」であり、「事業者の表示」に該当するのは、「事業者が表示内容

の決定に関与したと認められる、つまり、客観的な状況に基づき、第三者の自主的な意思による表示内容と認められない場合」であるとされる（ステマ運用基準第2の1⑵イ）。このため、UGCウェブサイトに投稿してもらうことを目的に、第三者にギフティングを行う場合、当該要件の認定に当たってはケースバイケースの判断となる（ **Q3** 参照）。

　また、貴社がマーケティングに有効と判断した口コミを選定し、作成者であるユーザーに許諾を得て当該口コミを貴社のサイトやSNSに使用する場合、通常、当該口コミは貴社が「表示内容の決定」に関与したといえるため「事業者の表示」となる（ステマ運用基準第2の2⑴キ参照）。その上で、「好評いただいた口コミをピックアップ」等の記載を明瞭に併記すれば貴社の広告であることは明らかであるため、ステルスマーケティングとは判断されない。

　なお、口コミの内容が景表法上の優良誤認表示（5条1号）等と判断されないよう、あくまで合理的根拠資料がある範囲内の口コミに限り利用すべきであろう。

（福島）

Q
5 広告宣伝物の作成委託と下請法

　当社（資本金2,000万円）が運営するオウンドメディアについては、普段は広報部が掲載コンテンツの制作等を行っていますが、この度、各種SNS広告を専門とする広告代理店（資本金500万円）に対して、当社新商品を宣伝するための動画コンテンツの作成依頼を検討しています。同社とは、普段からSNS上のメッセージ機能でやり取りをしているため、今回の動画広告の発注もメッセージ上のやり取りのみで行うことを考えていますが、何か問題はありますか。

A　広告代理店への動画コンテンツの作成委託については、下請法が適用される可能性がある。本件は、取引内容・資本金の各要件に照らして下請法の適用対象となると考えられるため、貴社は下請事業者たる広告代理店に対して、原則として法定の取引条件等を定めた発注書面を交付する必要がある。また、広告代理店に対して電磁的方法によって発注するには同社の事前承諾が必要となるほか、使用できる電磁的方法についても法令上の制限がある。

◢解｜説

① 広告宣伝物の作成委託と下請法の適用

　下請法は、①取引内容と②取引当事者の資本金の区分の2点によって、適用対象となる下請取引の範囲を定めている。

⑴ ①取引内容要件：自家使用の情報成果物の作成委託も適用対象となること

　下請法の適用対象となる取引内容には、製造委託・修理委託・情報成果物作成委託・役務提供委託の4類型がある。

　動画広告や記事広告などのデジタル広告における広告宣伝物は、影像や音声等あるいは文字や図形等から構成されるものとして（プログラム以外の）**情報成果物**に該当すると考えられる。そこで、その作成を他の事業者に委託する場合には、情報成果物作成委託（下請2条3項）に該当するかが問題となる。

　情報成果物作成委託については、自らの事業のために用いる（いわゆる自家使用の）情報成果物であっても、社内で部門を設けるなどして反復継続的に作成していれば、その作成を他の事業者に委託する取引も下請法の適用対象となる（下請2条3項）。

　そのため、広告宣伝物の作成委託については、いわゆる"**下請取引**"として一般的にイメージされる取引（例：広告会社が、広告主から請け負った広告宣伝物の作成を第三者に再委託すること）のほか、事業者が社内で反復継続的に作成している自社の広告宣伝物の作成を第三者に委託する場合にも、下請法が適用される可能性がある。

⑵ ②資本金要件

　プログラム以外の情報成果物の作成委託については、取引当事者の資本金が以下の場合に下請法が適用される。

　本問では、発注者の資本金は2,000万円であって「1,000万円超5,000万円以下」であるところ、委託先の資本金は500万円で「1,000万円以下」であるため、資本金要件を満たすこととなる。

親事業者		下請事業者
資本金5,000万円超の法人事業者	⇒	資本金5,000万円以下の法人事業者又は個人事業者
資本金1,000万円超5,000万円以下の法人事業者		資本金1,000万円以下の法人事業者又は個人事業者

② 原則：発注「書面」の交付義務

下請法が適用される場合、親事業者は、下請事業者に対して、発注後直ちに、給付内容や代金額などの法定事項を定めた発注書を交付する義務を負う（下請3条1項）。

発注書は、原則として「書面」すなわち紙媒体で下請事業者に交付しなければならない。

③ 例外：電磁的方法による発注

(1) 概　要

親事業者は、「書面」の交付によらず、発注書面の法定記載事項を電子メール等の電磁的方法により提供すること（「**電磁的方法による発注**」という）も認められている（下請3条2項）。

ただし、かかる提供を行うには下請事業者の承諾を得る必要があるほか、用いることができる電磁的方法についても法令上の制限がある。

(2) 下請事業者の承諾が必要であること等

親事業者は、電磁的方法による発注を行う場合、あらかじめ、下請事業者から電子メールなど使用する電磁的方法の種類等を示して、書面または電磁的方法による承諾を得なければならない（下請3条2項、下請令2条1項、3条規則3条）。

なお、下請事業者がこれを承諾しない場合に、取引数量を減らしたり、取引を停止したり、取引の条件または実施について不利益な取扱いをする等、親事業者が、取引上の地位が優越していることを利用して、下請事業者に対して不当に不利益を与えた場合、優越的地位の濫用（独禁2条9項5号）として問題となる可能性があるため、注意を要する（公取委「下請取引における電磁的記録の提供に関する留意事項」〔2001年3月30日。2023年12月25日最新改正。以下「留意事項」という〕参照）。

⑶　使用できる電磁的方法が限定されていること

　下請法が適用される取引について電磁的方法による発注を行う場合、法定の取引事項を提供するために使用することのできる方法は、①電子メールやEDI（異なる企業・組織間で、受発注等の取引に関する電子データを通信回線を介してやり取りすること）等で送信する方法や、②下請事業者にホームページを閲覧させる方法等に限られている（3条規則2条1項）。なお、いずれの方法も、下請事業者がファイルへの記録を出力することによって書面を作成できることが求められる。

　加えて、①②いずれも、下請事業者の使用するコンピュータ等の電子計算機に備えられたファイル（以下「**下請事業者のファイル**」という）に記録する方法である必要がある。具体的には、①の電子メール等による方法は、下請事業者が当該電子メールを受信するなどしてメールを自らが使用するコンピュータ等の電子計算機に記録しなければ、提供したことにはならない（留意事項第1の2⑴）。また、②のホームページを閲覧させる方法も、単に下請事業者が閲覧するだけでは足りず、下請事業者が閲覧した事項について、ホームページにダウンロード機能を持たせる等して下請事業者のファイルに記録できるようにする等の対応が必要となる（留意事項第1の2⑵）。

⑷　ビジネスチャット等による発注については下請事業者のファイルに記録できる方法であるか留意が必要であること

　近年、デジタル化の進展やコロナ以後における働き方の多様化等により、社内外のコミュニケーションツールは急速に多様化している。そのため、本問のように、取引先との受発注のやり取りについても、電子メールなどの従来的な方法に加えて、SNS、ビジネスチャットなどで行われるケースも間々あると思われる。公取委の近時の報告書でも、フリーランスのSEのうち約25%が、親事業者からビジネスチャットその他のSNSサービスによって発注書面の交付を受けていると回答している（公取委「ソフトウェア業の下請取引等に関する実態調査報告書」〔2022年6月〕65頁）。

　この点、SNSのメッセージ機能やビジネスチャット等は、インターネッ

トを介してサービス提供が行われるクラウドサービスとして提供されるものが少なくないところ、下請事業者においてチャット画面の閲覧しかできない場合、下請事業者のファイルに記録したことにならないと解され、前記(3)の電磁的方法による発注の要件を満たさないおそれがあると考えられる。前記報告書でも、発注書面の交付に関する問題事例の1つとして、発注側担当者からビジネスチャットツールで受注内容等の連絡を受けていたところ、後日、合意内容を一方的に編集・削除されていたとの例を挙げた上で、下請事業者のファイルに記録されないような（改ざんが可能な）電磁的方法での発注は、下請法3条違反の可能性があると指摘されている。

　これに対して、当該サービスの仕様上、チャット等のダウンロードが可能であれば、前記(3)②のホームページを閲覧させる方法等と同様、下請事業者のファイルに記録できるような方策が取られているとして、適法な電磁的方法による発注として認められる可能性があると考えられる。そのため、チャット等を使用して下請事業者に対して発注を行う場合には、そのサービス仕様が下請法上の電磁的方法による発注に関する要件を満たすものか留意・確認する必要がある。

（細川）

Q6 カメラによる広告配信とプライバシーリスク

　自社で準備したカメラを内蔵したタブレット型端末やモニターを店舗に置きユーザーの属性に合わせてウェブでの広告配信を企画しています。カメラで取得する画像（顔画像）は、設置されているカメラ端末側で性別の判定に用いた後、即座に削除し、サーバに送信・保存等をせず、判定結果のデータのみを広告配信に利用しようと考えています。当該情報の取扱いに関してどのような点を注意すべきでしょうか。

A　取得した画像および性別判定データが個人情報に該当するか。該当する場合には、これらのデータを適正に取得しているか。利用目的の特定、通知・公表等で問題がないかを検討する必要がある。また、カメラ画像の取得・利用は個人情報保護法の問題のみならず、プライバシーの観点で問題ないのか、プライバシーリスクを適切に評価し個別の事案に応じて対応する必要がある。

解説

1　個人情報該当性

　「個人情報」とは、生存する個人に関する情報であって、①「当該情報に含まれる氏名、生年月日その他の記述等……により特定の個人を識別することができるもの（他の情報と容易に照合することができ、それにより特定の個人を識別することができることとなるものを含む。）」または、②「個人識別符号が含まれるもの」（個人情報2条1項各号）をいう。そして、「個人識別符号」に関して、顔の骨格及び皮膚の色並びに目、鼻、口その他の顔の部位の位置及び形状から抽出した**特徴情報**を、本人を認証することを目的とした装置やソフトウェアにより、本人を認証することができるよう

にしたものは個人識別符号に該当するとされる（個人情報政令1条1号ロ、個人情報ガイドライン（通則編）2-2）。

カメラ画像から抽出した性別・年齢等のデータのみであれば、抽出元の本人を判別可能なカメラ画像や個人識別符号等本人を識別することができる情報と容易に照合することができる場合を除き、個人情報には該当しない（個人情報ガイドラインQ&A 1-12）と考えられるが、「顔画像を取得した後、顔画像から属性情報を抽出した上で、当該属性情報に基づき当該本人向けに直接カスタマイズした広告を配信する場合、当該顔画像を直ちに廃棄したとしても、当該顔画像について、特定の個人を識別した上で、広告配信を行っていると解され」（個人情報ガイドラインQ&A 1-16）、この場合には「個人情報」に該当する。

上記より本問では、取得した顔画像はデータの分析・管理方法により「個人情報」に当たりうる。当該情報を処理して生成された属性データ（性別情報）についてはそれ単体では特定の個人を識別できないため、個人情報にはならないと考えられるが、属性としての識別のみではなく、当該特定の本人向けに広告を配信する場合には特定の個人を識別しているため、個人情報に該当するということである。また、処理の過程で生成される**特徴量データ**（取得した画像から骨格、輪郭、人物の目、鼻、口の位置関係等の特徴を抽出し、数値化したデータ）は個人情報（個人識別符号）であるため、属性データと特徴量データの利用方法によってはこの点でも、属性データは個人情報に該当しうる。

なお、**顔画像**は属性情報を抽出するのみであって即座に削除している点から、個人情報の「取得」に該当しないと考えられないかとの議論もありうるが、個人情報保護委員会はこのような場合も個人情報の「取得」に該当すると整理しており（個人情報ガイドラインQ&A 1-16）、取得・処理・削除が即座に行われていたとしても一旦「取得」したデータが事後的に解析処理されているとの扱いになっている。

② 適正取得

個人情報の「**取得**」にあたっては、「偽りその他不正の手段により個人

情報を取得してはならない」（個人情報20条１項）とされる。カメラ画像による個人情報の取得は、本人が認識することなく取得されてしまうこともあるため、カメラによって個人を特定できる顔画像を取得する場合には、「偽りその他不正の手段による取得とならないよう、カメラが作動中であることを掲示する等、カメラにより自らの個人情報が取得されていることを本人において容易に認識可能とするための措置を講ずる必要が」ある（個人情報ガイドラインQ&A１-16）とされている。

　この点の関連事案として、タクシー車内に設置したタブレット端末付属のカメラを用いてタクシー利用者の顔画像を撮影して広告配信に利用しているが、その旨をタクシー利用者に対して十分に告知していなかったとして、指導がなされた事案がある（個人情報保護委員会によるＪ社に対する「個人情報の保護に関する法律に基づく指導について」。なお、本件は、平成30年11月30日の改善策が平成31年４月に至るまで実施されていないとして、令和元年９月12日に再度指導がなされたものである。）。当該事案は、適正取得違反であることが明確に述べられているものではないものの、その後のQ&Aの改訂等を踏まえると、本人が容易に認識可能ではない状態で、カメラ画像によって個人情報を取得する場合には適切取得違反にもなりうると思われる。本問においても、カメラが作動中であることを掲示する等、カメラにより自らの個人情報が取得されていることを本人において容易に認識可能とするための措置を講ずる必要がある。

③　利用目的の特定、利用目的の通知等

　個人情報の取得をする場合、利用目的を特定し、その利用の目的の達成に必要な範囲を超えて個人情報を取り扱ってはならず、また、個人情報を取得した場合、利用目的をあらかじめ公表するか、または個人情報の取得後速やかに本人に通知もしくは公表する必要がある（個人情報17条、18条、21条）。そして、利用目的はできる限り具体的に特定しなければならず、利用目的の特定にあたっては、利用目的を単に抽象的、一般的に特定するのではなく、個人情報が、最終的にどのような事業の用に供され、どのような目的で個人情報を利用されるのかが、本人にとって一般的かつ合

理的に想定できる程度に具体的に特定することが望ましいとされる（個人情報ガイドライン（通則編）3-1-1）。カメラ画像の利活用に関しては、当該画像データがどのように抽出され、どのような加工を経て、どのような利活用がなされるのか等については一般に知られているようなものではなく、「顔画像から抽出した属性情報に基づき広告配信が行われることを本人が予測・想定できるように利用目的を特定し、これを通知・公表するとともに、当該利用目的の範囲内で顔画像を利用しなければな」らない（個人情報ガイドラインQ1-16）とされる上、「カメラが作動中であることを店舗等の入口や設置場所等に掲示する等」、「カメラにより自らの個人情報が取得されていることを本人において容易に認識可能とするための措置を講ずる必要があ」る。さらに「カメラ画像の取得主体、カメラ画像の内容、カメラ画像及び顔認証データの利用目的、問い合わせ先等を本人が確認できるよう、これらを店舗等の入口や設置場所等に明示するか、又は、これらを掲載したWEBサイトのURL又はQRコード等を示すことが考えられ」る（個人情報ガイドラインQ1-12）等のより踏み込んだ対応が求められている。なお、当初防犯目的のために取得したカメラ画像やそこから得られた顔特徴データを、マーケティング等の商業目的のために利用する場合には、あらかじめ本人の同意を得なければならない（個人情報18条1項、個人情報ガイドラインQ1-15）。

④　カメラ画像の取扱いにおける注意

　カメラ画像の取扱いに関しては、上記のとおり個人情報保護法の問題に対応するのみならず、撮影対象になりうる者のプライバシー保護の観点からも問題となりうる。

　プライバシー侵害は個々の状況によって判断されるものだが、裁判例（例えば、Nシステム事件（東京地判平成13・2・6判時1895号73頁）では、一般論としては、取得・利用される情報の性質と、情報の取得・利用の目的、取得・利用の態様が適切であるかを総合的に判断して、撮影された者が社会生活を営む上での受忍限度の範囲内かどうかにより判断がなされている。

　カメラ画像の利活用との関係では、取得する範囲が問題になり、時間的範囲・場所的範囲が広がるほど、個人の行動を詳細にトラッキングできる可能性がある。一般論としては、トラッキングの範囲が広いほど、また、トラッキング範囲がよりプライベートな空間に及ぶほど、プライバシーリスクが高いと考えられる。例えば、撮影場所も問題となり、公共空間なのか、特定の空間なのかによっても判断が異なる。タブレット端末等が閉鎖的な特定空間に設置され当該カメラで撮影される場合と、モニターが公共的な空間に設置されて撮影される場合では、後者の方がプライバシー侵害のリスクを下げる。

　元データを分析等してどのような検知や推定を行うのかという点も問題となる。カメラ画像から性別や年齢を推定するのみならず、人種、信条、健康状態等の推定まで実施する場合にはプライバシーへの影響が大きくなるためより慎重になる必要がある。

　なお、前述のタクシー車内に設置したタブレット端末付属のカメラを用いてタクシー利用者の顔画像を撮影して広告配信に利用していた事案については、併せて、配車アプリを通じて取得した位置情報等を広告会社に提供している点が問題にもなったところである。このため、カメラ画像をどこに提供し、加えて他にどのようなデータを突合して分析するのか、また、あらかじめカメラが作動しており、得た情報の利用目的も明瞭に掲示されているかなどの事情もプライバシーリスクを評価する上では重要な要素となる。

　本問では、店舗内という特定の空間ではあるものの、限定的な範囲での情報取得であって、また即時に元データが削除され個人の特定性可能性が下がっている点は、プライバシー侵害との関係でリスクを下げる事情ではある。加えて、カメラが作動していることおよび得た情報の利用目的も明瞭に掲示されているかなどの事情も踏まえてプライバシー侵害の有無を検討することになる。

（今村）

クッキーの配信

現在、当社では自社サイトにおけるブラウザ広告枠を効果的に出すためや、サイト訪問者の行動および他の媒体に出稿した広告効果を測定する目的で第三者が提供するサービスを使用することを企画しています。当該サービスではサイト訪問者の利用履歴を収集等する目的で、クッキー等の技術が用いられているようです。個人情報保護法や電気通信事業法といった、利用者情報保護規制との関係ではどのように考えたらよいでしょうか。特にクッキー規制とメディアで話題になっていたので気になっています。

A 利用者の利用履歴等をトラッキングする目的で第三者が提供する顧客管理サービスを利用する場合、その利用履歴を収集・分析するために、クッキー等の端末識別子の情報を取得していることやタグ等によって外部に情報を送信していることがあり、個人情報保護法または電気通信事業法の規制の対象となる可能性がある。これらの規制により、本人に対する確認機会を付与しなければならず、プライバシーポリシー等の規定を設けて通知または公表を行うことや、ポップアップ等によって同意を取得しなければならない場合がある（ Q28 も参照）。

|解|説|

1 クッキーとは

クッキーとは、WebサーバがスマートフォンやPCに保存する小さなデータファイルのことをいう。Webブラウザは、基本的には誰がデータの呼び出しをしているのかはわからない仕組みとなっているため、本人確

認が必要なECサイトや会員サイトにおいて、誰からのアクセスであるかを区別するための目印として使われたのがクッキーである。

クッキーには、訪問したサイトと同一のドメインサーバで発行されるクッキー（**ファーストパーティクッキー**）と、それとは別のドメインサーバで発行されるクッキー（**サードパーティクッキー**）がある。

クッキーは自社サイトの管理や利用者のトラッキングを目的として使われる。具体的には、ファーストパーティクッキーは自分のページの訪問者についての情報を管理する際に主に使われ、サードパーティクッキーは、ドメインを超えてユーザーをトラッキングできるため、ターゲティング広告を提供するデジタル広告事業者等において広く活用されてきた。

② クッキー等の利用が問題視される場合（利用者視点で情報の取得者が不明確）

サードパーティクッキーは、ドメインを超えてユーザーをトラッキングすることができるため、ユーザーの行動を把握し、ターゲティング広告の精度を高める上では有用な技術である。他方で、トラッキングされる本人からするとサービス提供を受けるサイト運営者のみならず、他の事業者からも自らの行動を補足されることになり、加えてそのことを必ずしも本人が認識できていない点で問題だと捉えられている。また、従来の個人情報保護法が情報の提供元において個人情報（個人データ）に該当する情報のみが規律の対象となっていたため、必ずしも提供元では個人情報（個人データ）に該当しないクッキーに対してはうまく機能せず、法的にも本人の確認機会が担保されていなかった。

③ クッキー等と改正個人情報保護法・改正電気通信事業法

(1) 改正個人情報保護法

欧州のGDPRでは、「**パーソナルデータ**」の定義に端末識別子が含まれるため、クッキーはそもそも「パーソナルデータ」として規制の対象となる。他方、個人情報保護法は、クッキーそのものを規律対象としているわけではない。すなわち、日本の個人情報保護法では、「個人情報」とは、

生存する個人に関する情報であって、特定の個人を識別することができる
もの（他の情報と容易に照合することができ、それにより特定の個人を識別す
ることができることとなるもの）などが対象となる（個人情報2条1項1号）
が、クッキー等の端末識別子を単体で取り扱っている場合、それ単体では
特定の個人を識別することはできないことから「個人情報」に該当しない
と考えられ、端末識別子を特定の個人を識別できる形で取り扱っている場
合にはじめて「個人情報」として個人情報保護法の規律対象となるのが改
正前のルールだった。そこで、新たに氏名に結びつかないインターネット
の閲覧履歴、位置情報、クッキー情報等を対象として予定する、「個人関
連情報」の第三者提供に係る規律が令和2年改正個人情報保護法において
導入された（個人情報2条7項、31条）。

　「個人情報」に該当するクッキーと、「**個人関連情報**」に該当するクッ
キーでは規律内容が異なる。なお、ファーストパーティクッキーか、サー
ドパーティクッキーかで違いがあるものではなく当該クッキーが特定個人
を識別しうるかどうかによって個人情報該当性は判断される。

　デジタル広告において多く用いられているクッキーは「個人関連情報」
としてのクッキーである。個人関連情報に係る規律は、個人関連情報の第
三者提供の場面において、提供元おける個人関連情報が提供先で個人デー
タとして取得することが想定されるときに、当該提供について本人の同意
が得られていることを確認しないで提供してはならないとするものであ
る。当該同意については、ウェブサイト上のボタンクリックを求める方法
やポップアップ、チェックボックス等により取得することが想定されてい
る。

　このように、本人が必ずしも認識しないまま外部に情報提供されないよ
うに本人確認の機会が担保されているのである。

(2)　改正電気通信事業法

　電気通信事業法もクッキーそのものを規律しているわけではない。改正
電気通信事業法において外部送信規律（電気通信事業27条の12）が導入さ
れ、利用者のパソコンやスマートフォン等の端末に記録された当該利用者

に関する情報を、当該利用者以外の電気通信設備（Webサーバ等）に送信する場合には、当該送信に際して、送信されることとなる利用者に関する情報の内容や送信先について、当該利用者に確認の機会を付与する義務を課した。確認の機会の付与としては、通知または容易に知りうる状態に置く（いわゆる公表）、**同意取得**または**オプトアウト措置**の提供のいずれかを実施しなければならない。

もっとも、個人情報を取り扱う事業者すべてが適用対象となる個人情報保護法とは異なり、電気通信事業法は、その対象が基本的には電気通信事業者または電気通信事業を営む者であって、また外部送信規律の対象となる役務についても「利用者の利益に及ぼす影響が少なくない電気通信役務」として総務省令で定められているものに限定されている（電気通信事業施規27条の2の27）。例えば、①利用者間のメッセージ媒介等（同条1号）、②SNS、電子掲示版、動画共有サービス、オンラインショッピングモール等（同条2号）、③オンライン検索サービス（同条3号）、④ニュース配信、気象情報配信、動画配信、地図等の各種情報のオンライン提供（同条4号）が対象とされている。

なお、改正電気通信事業法について、ファーストパーティクッキーは規制の対象外と誤解されることがあるが、クッキー等を使った外部送信の仕組みそのものが規制の対象となりうるのであって、利用者が求める「当該電気通信役務の提供のために真に必要な情報」に該当しなければ規制対象となる。その意味で、ファーストパーティクッキーは適用除外に該当する場合も多いが、ファーストパーティクッキーであれば必ず適用除外となるわけではなく、個別に判断する必要がある。

4 （参考）スマートフォンのID規制

クッキーはWebブラウザを識別する識別子だが、スマートフォンにも、それぞれの端末を区別するための識別子があり、例えば、広告識別子（IDFA、AAID）と呼ばれるIDが振られている。これまでは、アプリ内での利用者の行動をトラッキングする手段として当該IDが広く用いられていた。しかし、AppleのiPhoneでは、2020年以降、ユーザーの許可なし

に、IDFAを用いたトラッキングを使用することができない仕様とされた。当該許可をしているユーザーは極めて少ないと言われており、事実上広告識別子を用いたユーザーのトラッキングはできないに等しい状況となっている。

（今村）

Q 8 生成AIを用いたデジタル広告に関する 社内規程の整備

当社ではデジタル広告の作成において、キャッチフレーズの検討や効果的な画像作成を目的として、生成AIサービスの有効活用を考えています。積極的な活用をしたい反面、プライバシーやデータ管理の懸念があり、社内規程の作成を検討しています。個人情報の取扱いや社内データの取扱いの観点でどのような点に注意すればよいでしょうか。利用者が生成AIに入力したデータが、学習用データとして利用される場合とされない場合で法的な扱いは変わるのでしょうか。

A まず、社内規定を作成するにあたっては、現在の国際的な動向に注意しつつ、国内の法律（個人情報保護法等）や、生成AIを提供する事業者が定める利用規約・プライバシーポリシー等を確認する必要がある。その上で、①自社内で許容する生成AIサービスの対象を定める（関連するサービスの利用規約等へのリンク等を設ける）。②社内で利用を許可する従業員の範囲を定める。③入力データ（営業秘密（社外秘）データおよび個人情報（個人データ））に関するルールを定める。④生成物に関する内容の正確性等についての検証プロセス・証憑の保存等に関するルールを定めること等を具体的に検討することになる。

解説

1 はじめに（国際的な動向）

2023年3月31日、イタリアのデータ保護当局は、生成AI（質問・作業指示（プロンプト入力）等に応えて文章・画像等を生成するAIを利用した

サービス）として分類される対話型AI「ChatGPT（チャットGPT）」に対し、データ収集の方法が不適切であるとして、調査を開始するとの報道がなされた。利用者に適切な通知がないままデータが集められ、利用者の年齢確認も不十分な点が、GDPRに違反することが理由である。

　そして、日本で開催されたG7（「G7広島首脳コミュニケ」（2023年5月20日））においても、「我々が共有する民主的価値観に沿った、信頼できる人工知能（AI）という共通のビジョンと目標を達成するために、包摂的なAIガバナンス及び相互運用性に関する国際的な議論を進める。」、「国や分野を超えてますます顕著になっている生成AIの機会及び課題について直ちに評価する必要性を認識」する、とされているとおり、世界的な関心が高まるとともに、利活用の機会及び課題の両面からの評価が求められている。その一環として、例えば、個人情報の適正な取扱いやプライバシー保護の観点からの考慮の重要性は従前より指摘されている。その後、「広島AIプロセス」として、G7首脳声明において、高度なAIシステムを開発する組織向けの広島プロセス国際指針及び行動規範について公表（同年10月30日）し、また、すべてのAI関係者向け及び高度なAIシステムを開発する組織向けの広島プロセス国際指針および行動規範を含む「広島AIプロセス包括的政策枠組み」について、広島AIプロセスG7デジタル・技術閣僚声明（同年12月1日）にて合意し、G7首脳声明（同年12月6日）において承認された。

　上記のように国際的なルールが現在進行形で議論されているところであるため、今後もこの分野は随時情報収集・対応が必要になるが、他方で現在提供されているサービスとどのように向き合うのか、社内ルールをどのように制定し、今後更新改善していくのかとの点も重要になっている。

② 生成AIの各種規約（利用規約・プライバシーポリシー等）のチェック

　貴社の社内ルールを検討するにあたっては、どの生成AIサービスを社内で許容していくのか、許容するサービスの利用規約・プライバシーポリシー等がどのような内容になっているのかという点を確認する必要があ

る。なお、その際、当該サービスの生成AIは当該サービス提供会社で開発されているものなのか、他社が提供するサービスを組み込んだものなのかとの点には注意が必要であり、後者の場合には、当該他社のサービスの各種規約のみならず、組み込まれている生成AIにおける各種規約も合わせて確認する必要がある。確認する際のポイントとしては、入力データの取扱い（学習に使われるのか）、生成AIにより生成されたものについての権利関係（利用制限があるのか）等をチェックする必要がある。

　法的リスクとしては、生成AI利用者が**プロンプト**に入力する場面（例えば、個人情報の入力等）と、生成AI利用者が生成物を利用する場面（例えば、他人の著作物類似物が生成される、誤回答、偽情報の流布につながる等）でそれぞれ検討する必要がある。ここでは個人情報保護法との関係に絞って検討する。

③　個人情報保護法

⑴　一般消費者による生成AIサービスの利用

　個人情報保護法は、「**個人情報取扱事業者**」（個人情報16条2項）を対象とした法律であって、一般消費者（利用者）が生成AIサービスを利用した結果、偶然に個人情報を取得・利用したに過ぎないような場面では、「事業の用に供」しているわけではないため、基本的には同法の規制の対象外と考えられる。もっとも、個人情報保護委員会は、生成AIサービスの一般利用者においても留意点を公表（個人情報保護委員会「生成AIサービスの利用に関する注意喚起等」）している。

⑵　個人情報取扱事業者による生成AIサービスの利用

　生成AIサービスをツールとし、業として用いている場合に、生成AIサービスが入力する個人情報を取り込んで処理（生成AIが出力結果を導くプロセスで個人情報を利用する場合と、出力結果そのものに個人情報が含まれている場合等）してしまうと、「個人情報データベース等を事業の用に供している」として、個人情報保護法の規律の対象となる可能性があり、検討を要する。

　個人情報保護委員会は、上記注意喚起等において、個人情報取扱事業者における注意点として、①「個人情報取扱事業者が生成AIサービスに個人情報を含むプロンプトを入力する場合には、特定された当該個人情報の利用目的を達成するために必要な範囲内であることを十分に確認すること。」、②「個人情報取扱事業者が、あらかじめ本人の同意を得ることなく生成AIサービスに個人データを含むプロンプトを入力し、当該個人データが当該プロンプトに対する応答結果の出力以外の目的で取り扱われる場合、当該個人情報取扱事業者は個人情報保護法の規定に違反することとなる可能性がある。そのため、このようなプロンプトの入力を行う場合には、当該生成AIサービスを提供する事業者が、当該個人データを機械学習に利用しないこと等を十分に確認すること。」としている。

　この点、より詳細に説明すると以下のとおりになる。すなわち、個人情報を含むプロンプトの入力は個人情報の利用であり、特定した利用目的の範囲内での利用をしなければならない（個人情報17条、18条）。また、当該個人情報を含むデータの運用基準のあり方や当該内容に関する正確性・透明性の確保が求められる（個人情報22条）。また、第三者である生成AIサービス事業者が提供するAI生成サービスへのプロンプトの入力行為は、個人データの第三者提供になりうるため、当該提供行為を正当化できなければならず、原則は本人の同意が必要となる（個人情報27条）。

　なお、著作権法では、**AIの学習**（著作30条の4）や**利用**（著作47条の5）における著作物の利用が要件を満たせば許容されている。このため、当該規定を法令上の根拠（「法令に基づく場合」）として個人情報の利用や提供が正当化できないか（個人情報18条3項1号、27条1項1号）も議論の余地はある。しかし、著作物の複製等を正当化することと個人情報の利用等を正当化することは同一の話ではなく、また、著作権法の適用除外の規定は、個人情報の取得等を基礎付けるものでもないため、上記の著作権法の制限規定が、個人情報保護法における「法令に基づく場合」に当たるとは考えられない。

　また、入力した結果、生成されたデータに意図せず他人の個人情報が含まれていた場合については、当該取得が適正な取得（個人情報20条）とい

えるのか、また当該個人情報に紐づく形で提供される内容が他人の人格的権利・利益を侵害しうる内容ではないか、誤った内容であって、偽情報の拡散にならないかなどにも注意が必要である。

(3) 個人データのプロンプト入力行為の法的評価

利用者が個人データをプロンプトに入力した場合、生成AI提供事業者に対する個人データの第三者提供（個人情報27条）なのか、または、個人データの取扱いの委託（個人情報27条5項1号）なのかとの点については議論がある（また、生成AI提供事業者が外国事業者の場合には越境移転も論点となる（個人情報28条））。

この点について、クラウド利用に関しては、クラウド事業者の個人データを取り扱うこととなっているか否かで区分している（Q&A 7-53）。この考え方を推し進めて、生成AIのプロンプト入力が、個人データの第三者提供または委託に該当するのか否かに関して、当該サービス提供事業者が入力データを取り扱うこととなっているか否かで区分するとの考え方がありうる。また、その取り扱うこととなっているかとの点を、より具体的に機械学習に利用するのか否かとして区分する考え方もありえよう。もっとも、機械学習に使われていないから一切個人データの提供がなされていないと評価できるかについては、現時点では個別サービスを具体的に判断せざるをえないと思われる。

④ 本問における社内規程作成にあたっての検討事項

上記を踏まえて、貴社が社内規程を作成するにあたって、以下の点がポイントになると考える。①自社内で許容する生成AIサービスの対象を定める（関連するサービスの利用規約等へのリンク等を設ける）。②社内で利用を許可する従業員の範囲を定める。③入力データ（営業秘密（社外秘）データおよび個人情報（個人データ））に関するルールを定める。④生成物に関する内容の正確性等についての検証プロセス・証憑の保存等に関するルールを定めること等を具体的に検討することになる。

（今村）

Q9 ポイント制度の企画と法規制

当社では、お客様が継続的に当社の商品を購入する動機づけとなるように、ポイント制度の導入を企画しています。ポイント制度の設計にあたって気を付けることはありますか。

A　ポイントの設計内容によっては、景表法の景品類に係る規制（景品規制）が適用されることがある。景品規制の適用を受けないためには、発行するポイントを「値引」や、いわゆる自他共通割引券として整理することなどが必要である。また、ポイントの設計内容によっては、資金決済法の適用もありうるので注意が必要である。

┃解┃説┃

1　ポイント制度の利活用

　事業者が様々なマーケティング手法を行う中、**ポイント制度**は、1度サービスを利用した（商品を購入した）消費者に対して、再度の利用を促進するものであり、また自社が供給する商品・サービス、ひいては事業者へのロイヤリティを高めるものである。そのため、マーケティング戦略を検討するにあたり、ポイント制度は1つの効果的な手法として用いる事業者が多い。

　ポイントは設計した内容に応じて様々な種類があり、その設計によっては法規制が適用される場合がある。

② 景表法

(1) 景品規制

ポイント制度を設計するにあたっては、まず景表法の**景品規制**が適用されるかを確認する必要がある。

景品規制は、提供しようとする経済上の利益が、「景品類」（景表2条3項）に該当する場合、その販売方法に応じて、提供可能な上限を規制するものである（景品規制については Q34・Q35 参照）。すなわち、提供するポイントが、景品類の要件である、①顧客を誘引するための手段として、②事業者が自己の供給する商品・サービスの、③取引に付随して、④取引の相手方に提供する、⑤物品、金銭その他の経済上の利益、という要件を充たす場合には、その提供方法に応じて、提供するポイントを景品規制の上限の範囲内にとどめなければならない。景品規制における上限額の概要は以下のようになっている。

＜提供方法が一般懸賞の場合＞

懸賞による取引価額	最高額	総額
5,000円未満	取引価額の20倍	懸賞に係る売上予定総額の2%
5,000円以上	10万円	懸賞に係る売上予定総額の2%

＜提供方法が総付の場合＞

取引価額	景品類の最高額
1,000円未満	200円
1,000円以上	取引価額の10分の2

例えば、ポイントが「景品類」に該当する場合において、1,000円以上の商品を購入した全員に代金の何%分かをポイントとして提供するキャンペーンを企画するとき、ポイントの提供方法は総付によるものであるため、取引価額の20%までの価額のポイント提供にとどめる必要がある。

(2) 景品規制の適用を受けないための工夫

ア 「景品類」の要件を充足させないこと

景品規制の適用を避けるためには、まず、提供するポイントに関し、「景品類」の上記①から⑤の要件を充足しない設計とする方法がありうる。

　例えば、ポイントの提供を自社商品の購入を条件とするのではなく、アンケートに回答してくれたことへの「報酬」としてポイントを提供することが考えられる（景品類定義告示運用基準5(3)）。

　　イ　「値引」の整理

　しかし、アによる方法の場合、景品規制の適用を免れるポイント提供は限定的な場面にとどまる。

　そこで、「値引」としてのポイント提供を行うことが考えられる。すなわち、正常な商習慣に照らして「値引」と認められる場合には、「景品類」に該当せず、景品規制の適用を受けない（定義告示1項ただし書）。例えば、ポイントに関し、自社商品・サービスの値段からポイント分を差し引けるような仕様にした場合、当該ポイントの提供は実態として、「正常な商慣習に照らして値引と認められる経済上の利益」に該当し、当該ポイントは「景品類」に該当しないものと考えられる。なお、「正常な商慣習に照らして適当」か否かは、当該業界で従来行われてきた商慣習であるか否かにかかわらず、商品・サービスの内容・価格、当該業界の一般消費者の性質、提供するポイントの多寡、景品提供期間等の事情を踏まえて一般消費者の自主的かつ合理的な選択を阻害するか否かという観点から個別具体的に判断される。

　ただし、当該ポイントを懸賞による方法で提供する場合、ポイントの使途を制限する場合、同一の企画において景品類の提供とを併せて行う場合には、「値引と認められる経済上の利益」に該当しないため注意を要する（景品類定義告示運用基準6(4)ア）。

　　ウ　いわゆる自他共通割引券としての整理

　ポイントを自社の商品・サービスだけでなく、他社の商品・サービスでも共通して使用できるように制度設計したいという要望もありうる。その場合、他社の商品・サービスでもポイントが使えることから、「値引」という整理はできず、「景品類」に該当すると判断せざるをえない。

　しかし、仮に「景品類」に該当しても、自己との取引について「値引」と同様の効果がもたらされる場合、いわゆる自他共通割引券とし、総付規制の適用除外と整理することは可能である。すなわち、総付告示2項3号

において、「自己の供給する商品又は役務の取引において用いられる割引券その他割引を約する証票であつて、正常な商慣習に照らして適当と認められるもの」は「景品類」に該当する場合であっても「総付」規制の対象外とされている。そして総付告示運用基準4項2号において、当該「証票」には「金額を示して取引の対価の支払いに充当される金額証（特定の商品又は役務と引き換えることにしか用いることのできないものを除く。）並びに自己の供給する商品又は役務の取引及び他の事業者の供給する商品又は役務の取引において共通して用いられるものであって、同額の割引を約する証票」、つまり、いわゆる自他共通割引券が含まれるとされる。したがって、これらの要件に該当すれば、「総付」規制の適用除外と整理することが可能である。

　ただし、上で引用した総付運用基準中に示されているとおり、ポイントが特定の商品・サービスと引き換えることにしか用いることのできないものである場合、「値引」と同様の効果と評価できないため、総付規制が適用されることになる。また、自社との取引と他社との取引に同額の割引を約する必要があり、「1％オフ」となるポイントでは、取引内容によって割引額が異なるから、「同額の割引を約する証票」に該当しないため注意を要する。

③　資金決済法

(1)　規制概要

　ポイント制度は、その内容次第では、「**前払式支払手段**」（資金決済3条1項）に該当する場合がある。「前払式支払手段」に該当する場合は、前払式支払手段発行者には種々の義務が課せられる。「前払式支払手段」該当性は下記の要件によって判断される。

①　金額または物品・サービスの数量（個数、本数、度数等）が、証票、電子機器その他の物（証票等）に記載され、または電磁的な方法で記録されていること。

②　証票等に記載され、または電磁的な方法で記録されている金額また

は物品・サービスの数量に応ずる対価が支払われていること。

③　金額または物品・サービスの数量が記載され、または電磁的な方法で記録されている証票等や、これらの財産的価値と結びついた番号、記号その他の符号が発行されること。

④　物品を購入するとき、サービスの提供を受けるとき等に、証票等や番号、記号その他の符号が、提示、交付、通知その他の方法により使用できるものであること。

　上記要件を充足して、「前払式支払手段」に該当する場合、前払式支払手段発行者の主要な義務として、(i)届出義務、(ii)表示義務、(iii)供託義務、(iv)報告義務がある。ただし、要件①～④を充足するとしても、当該ポイントの使用期限が発効から6ヶ月を超えない場合は、上記義務の適用対象外となる（資金決済4条2号）。

　(i)　届出義務

　前払式支払手段発行者は、基準日（3月末日または9月末日）においてその前払式支払手段の基準日未使用残高がその発行を開始してから最初に1,000万円を超えることとなった場合、内閣総理大臣に届出をしなければならない（資金決済5条1項）。

　(ii)　表示義務

　前払式支払手段発行者は氏名、商号または名称、前払式支払手段の支払可能金額等、前払式支払手段の使用期間・期限の情報などを表示すべき義務を負う（資金決済13条1項）。実務上、自社HPやアプリに「資金決済法に基づく表示」のページを作成し、必要事項を表示する。

　(iii)　供託義務

　毎年3月末もしくは9月末時点での前払式支払手段の未使用残高が1000万円を超えている場合、発行保証金として未使用残高の2分の1以上の額を法務局に供託しなければならない（資金決済14条1項）。

　(iv)　報告義務

　事業者は、基準日ごとに前払式支払手段の発行の業務に関する報告書を作成し、内閣総理大臣に対して提出しなければならない（資金決済23条1

項）。

⑵　**注意点**

　発行するポイントが「前払式支払手段」に該当すると、前払式支払手段発行者の様々な義務が課せられる。そのため、貴社がポイント制度を設計するにあたっては、まず「前払式支払手段」に該当しないような仕様にすることを検討する必要がある。例えば、無償ポイントを交付する場合であれば、②を満たさないため、「前払式支払手段」に該当しない。

（越田）

デジタルプラットフォームの提供者の責任

　当社は商品のインターネット販売を行う場である取引デジタルプラットフォームを提供することを企画しています。当該プラットフォーム上で、消費者に対して表示される広告の内容に問題がある場合、プラットフォーム提供者として、どのようなときに何をしなければならないかを教えてください。

A　貴社が、単なる取引デジタルプラットフォームの提供者の役割を超えて、商品の提供を行うことや業として輸入すること等により、景表法や製造物責任法の要件を満たした場合には、各法律に基づいて責任を負う。

　他方で、これらの法律の要件を満たさない場合には、通常は、取引デジタルプラットフォームの利用者に対し、出品された商品の審査を行う義務等は負わない。しかしながら、取引デジタルプラットフォームの提供者が、利用者に対して、欠陥のないシステムを構築し提供する義務や、商標権侵害についての責任を負いうることを認めた裁判例がある。そのため、提供する取引デジタルプラットフォームに関し、自主ルールを定める等して、欠陥のないシステムを構築し、違法行為を防止できる体制を整備し、運用することが重要である。

解 説

1　デジタルプラットフォームとは

　まず、デジタルプラットフォーム（以下「DPF」という）とは、インターネットで提供されるサービスであって、①多面市場性と、②ネットワーク効果が生じるものを指す。①多面市場性とは、当該サービスが異な

る層の利用者に対して提供される性質をいう。そして②ネットワーク効果とは、当該サービスを利用する者が増加するに伴って、当該サービスによる便益が増進される効果をいう。

　そして取引デジタルプラットフォーム（以下「取引DPF」という）とは、DPFのうち、①消費者が販売事業者に対し契約の申し込みの意思表示を行うことができる機能を有するもの、または、②消費者が競りその他の政令で定める方法によって契約の相手方となる消費者を決定する手続（例えば、オークションなど）に参加することができる機能を有するものがこれに該当する（取引DPF法2条1項）。

② DPF提供者が各法律の規制が適用される要件を満たす場合

　まず、取引DPF提供者が、個別具体的な事案において、景表法や製造物責任法に基づく責任を負う役割も果たしている場合には、各法律の要件に従って責任を負う。例えば、景表法については、取引DPF提供者が問題となる広告に係る商品またはサービスを自ら提供しており、かつ、当該広告を「表示し」ている場合に、広告の内容が不当表示に当たるならば、景表法の措置命令等の対象となる。また、取引DPF提供者が、当該製造物を業として輸入している場合には製造物責任法の責任を負いうる。

③ DPF提供者が景表法等を適用する要件を満たさない場合

　他方で、取引DPF提供者が、景表法や製造物責任法の要件を満たさない場合、これらの各法律に基づく責任を負わない。このような場合、取引DPF提供者は、どのようなときに、どのような対応を行う義務を負うか。

(1)　取引DPF法
ア　販売事業者の情報の把握、特定の努力義務
　取引DPFを提供する事業者は、以下の措置の実施およびその概要等を開示する努力義務を負う（取引DPF法3条）。
　①　販売業者と消費者との間の円滑な連絡を可能とする措置
　②　販売条件等の表示に関し苦情の申し出を受けた場合における必要な

調査等の実施等の措置

③　販売業者に対し必要に応じ販売業者等の特定に資する情報の提供を求める措置

特に上記②に関し、例えば優良・有利誤認表示が疑われる等消費者から苦情の申し出を受けたときには、必要な調査等の実施やその概要の開示が可能となるよう出店者に対する利用規約に必要な定めを置く等して、体制を整えておくことが考えられる。

イ　重要事項について誤認等が含まれ個別法の執行が困難な場合における内閣総理大臣の要請

加えて、取引DPF法4条は、商品の安全性の判断に資する事項等の内閣府令で定める重要事項について、著しく事実に相違する表示等が含まれ、かつ、販売業者が特定不能等により個別法の執行が困難な場合に、内閣総理大臣が、取引DPFの提供者に対し、出品削除等を要請することができる旨を規定しており、取引DPF提供者がこの要請に従い取った措置によって販売業者等に生じた損害を賠償する責任を負わない旨を規定している。そこで、取引DPF提供者としては、利用規約等に定めを置く等して、内閣総理大臣から同条に基づく要請を受けた場合に、当該要請に円滑に従うことが可能な体制を整えておくべきであるといえる。

(2)　DPF提供者が義務を負う場合と自主ルールの制定

取引DPF提供者は、取引DPFという場の提供者であって、一般に、取引DPFを利用して出品される商品等を審査する義務を負わない。

東京地判令和4・4・15（令和2年（ワ）第27469号）は、購入者が、Amazonが提供する取引DPFであるAmazon.comを利用して、マーケットプレイスに出品していた販売者からモバイルバッテリーを購入したところ、モバイルバッテリーが発火し、購入者の自宅の一部が焼損したという事案である。購入者は、Amazonが当該販売者の出店者、出品につき審査を適切に行わなかったため損害を被ったなどとして、取引DPF提供者であるAmazonに対し損害賠償を求めた。裁判所は、Amazonに出店者や出品者につき審査する義務があったとは認められず、保険や補償の制度を構

築する義務も認められないと判断して債務不履行責任を否定するとともに、Amazonの不法行為責任も否定した。

　もっとも、一般論として、一定の場合には、取引DPF提供者が取引DPFの利用者に対し義務を負うことを認めた裁判例がある。

　名古屋地判平成20・3・28（判タ1293号172頁）では、インターネットオークションサイトであるヤフーオークションの利用者が、同サイトにおいて、商品を落札し代金を支払ったにもかかわらず、商品を受け取ることができなかったという詐欺被害に遭ったという事案である。この件において、裁判所は、一般論として、インターネットオークションサイトの提供者は、当該サイトの利用契約における信義則上の義務として、利用者に対し、欠陥のないシステムを構築して、当該サービスを提供すべき義務を負っている旨を述べている。もっとも、同事案では、ヤフーオークションの提供者に対して具体的な義務違反は認められていない。

　また、知財高判平成24・2・14（判タ1404号217頁）は、インターネットモールである楽天市場に、原告が有する商標権を侵害する商品が出品されたところ、原告が侵害品の出品者とともに楽天市場の提供者をも訴えたという事案である。裁判所は、当該取引DPFの提供者が、出店者によるウェブページ開設のための環境等を整備するに留まらず、出店申込の許否、出店者へのサービスの一時停止等の管理・支配を行い、出店者からの出店料やシステム利用料などの利益を得ている者である場合において、商標権侵害があることを知ったときまたは知ることができたと認めるに足りる相当の理由があるに至ったときには、その後の合理的期間内に侵害内容のウェブページからの削除がなされない限り、当該取引DPF提供者に対しても、商標権侵害を理由に、侵害者に対するものと同様の差止請求と損害賠償請求を行うことができると解することが相当である旨を述べている。もっとも、この事案では、侵害品の出品がまもなく削除されたため、楽天市場の提供者に対する請求は認められていない。

　これらの事例において、取引DPFの提供者の具体的な義務違反は認められてはいないものの、その判旨からは、取引DPFの提供者が、取引DPFの提供によって利益を得ており、取引DPFの利用者に対して一定の

コントロールを及ぼしうるなど一定の条件を満たすことで、取引DPF上の欠陥や違法行為に対して適切に対処する義務や責任を負う場合が存在しうるといえる。

　したがって、取引DPF提供者としては、提供する取引DPFにおいて、欠陥のないシステムを構築し、違法行為を防止するために、取引DPFを利用する際の自主ルールを定め、適切な措置を講じることができるような体制を整えておくべきである。例えば、二重価格表示を行う場合には比較の対象となる通常価格において一定期間販売がなされていた実績を必要とするなどの自主ルールが考えられる。

（山本）

Q 11 海外の外国法人と広告規制

当社のライバル企業である外国法人（外国に所在し、日本に支社、支店はありません。）は、日本の消費者向けに日本語の広告を作成し、ウェブサイトで商品を販売しています。この企業の広告は、当社を含む競合メーカーの商品よりも自社の商品の方がはるかに優れているという広告になっていますが、当社としては、広告がアピールしている商品の効果には何の根拠もなく、日本の景表法に違反する優良誤認表示だと考えています。この外国法人は、当社からの指摘に対して、「当社は海外に所在する外国法人だから日本の景表法上の問題はない」と回答していますが、外国法人には景表法をはじめ、日本の広告規制は適用されないのでしょうか。

A 日本国内の一般消費者に対して行われる広告は、広告を行った者が海外に所在する外国法人であっても日本の広告規制の適用対象となると考えられる。ただし、外国に所在する外国法人に対する措置命令、課徴金納付命令等の行政処分が効力を発生するためには、命令書の送達が必要である。送達条約がない場合で、外国政府の同意が得られなければ、公示送達によることになる。なお、日本国内に支店、営業所等の拠点を有する場合や、日本における代表者を定め、その登記をしている場合には、日本国内の拠点等で日本における代表者等への送達が可能となる。

解説

① 海外での適用に関する２つの問題

デジタル広告は、世界中どこからでも配信が可能である。そこで、ある

51

デジタル広告が外国で作成されウェブを通じて配信された場合に、当該広告を行った外国法人に景表法はじめ日本の広告規制が適用できるか、という問題がある（広告に限らず、こうした問題は一般に、法律の域外適用の問題といわれる（以下「**域外適用**」という））。域外適用の検討事項には、①問題とされている行為が日本法の適用対象となるか、②日本法が適用できるとして行政機関が措置命令等を行うことができるか、という問題がある。

② 外国法人への景表法の適用

　景表法には、外国法人や日本国外における行為を想定した規定は置かれていない。しかし、同法は、その目的として「商品及び役務の取引に関連する不当な景品類及び表示による顧客の誘引を防止するため、一般消費者による自主的かつ合理的な選択を阻害するおそれのある行為の制限及び禁止について定めることにより、一般消費者の利益を保護することを目的とする」と規定している（景表1条）。このように、日本の一般消費者の自主的かつ合理的な選択を阻害するおそれのある行為を規制対象と考えていることからすれば、当該おそれが生ずる行為である限り、行為地や行為者の設立地・所在地は問題とならず、規制の対象とすべきであると考えられる。

　この点につき、消費者庁は2018年、中国に所在するソーシャルゲーム会社に対し、景表法違反（有利誤認表示）を認定して措置命令を行っている。また、日本政府は、2020年の国会答弁において、日本国内の一般消費者に対して景表法5条の規定に違反する不当な表示に該当する表示をした場合には、当該表示をした事業者の所在地にかかわらず、同法7条1項に規定する措置命令または行政手続法に規定する行政指導の対象になりうるという立場を明示している。

　「日本国内の一般消費者に対して」行われた不当表示かどうかの判断基準について、消費者庁は明確に説明していない。しかし、広告表示には通常、言語が使われており、日本語で行われているか、日本国内で使用されることが前提となる商品または役務であるか、例えば、日本の通信規格や認可、認証、販売許可等を得たものかの事情等が考慮されるものと考えら

れる。なお、上記のソーシャルゲーム会社のケースでは、日本語で表示され、日本の消費者向けに配信されたオンラインゲームにおける有利誤認表示が取り上げられた。

　なお、域外適用には直接関連はしないが、景表法は「日本国内の一般消費者」を保護するのであって、日本人のみを対象としているわけではない。このため、訪日外国人に対する広告も景表法の対象となる点にも留意すべきである。

③　外国法人への特商法の適用

　通信販売におけるデジタル広告は、特商法に基づく規制の対象となる。そして、外国法人が行う広告についても、特定商取引を公正にし、購入者等の受ける損害を防止するという特商法の目的に鑑み、日本の消費者に被害が及ぶ行為に対しては、同法が適用されると考えられる。

　実際、特商法11条、特商法施規23条では、広告をする際に、契約の基本的な内容を明らかにすることが義務づけられており、その中には、事業者が外国法人または外国に住所を有する個人であって国内に事務所等を有する場合の、所在場所および電話番号も含まれる。また、特商法69条の3では、主務大臣が外国執行当局に対する情報提供を行うことができる旨を定め、国際的な電子商取引への実効的な執行とその強化を図ることとしている。最近では、2020年4月、財布またはバッグの偽ブランド品を販売していた通信販売業者である13事業者（なお、本件の公表文上、外国法人の事案かは明らかではない。）について、消費者庁長官により公示送達によって業務停止命令等が行われた例がある。

④　行政庁による執行および措置命令等の送達

　景表法に基づいて行われる行政処分には、主なものとして、措置命令（景表7条）、課徴金納付命令（景表8条）および報告命令（景表29条、37条）がある。そして、外国法人も景表法の「事業者」に含まれると考えられ、これらの措置命令等の名宛人となる。ただし、措置命令等は、具体的な作為を事業者に課すものであり、外国法人が外国にある限り日本の主権

が及ばないため、当該義務の履行を強制することはできない。

　また、外国法人に対する措置命令等が有効に成立するためには、措置命令と報告命令についてはこれを通知し、また、課徴金納付命令については送達を行う必要がある（なお、令和5年改正景表法施行後は措置命令・報告命令については送達が必要となると考えられる。）。そして、課徴金納付命令は、課徴金納付命令書の謄本を送達することによって、その効力を生じる（景表17条2項）。措置命令と報告命令については規定はないものの、行政処分が相手方へ通知され到達することは、行政処分の効力発生要件であるから、同様に送達して命令の効力が発生すると考えられる。

　そこで、消費者庁はどのように措置命令等を送達すべきか、という問題が生じる。この点については、景表法43条が民訴法108条を準用しているが、同条に定める送達は、管轄官庁送達および領事送達であり、送達に関する相手国政府の個別の承諾または送達条約の存在がなければ実施できないため、管轄官庁送達または領事送達が実施できない場合は、最終的には公示送達（景表44条）によらざるをえない。

　一方、外国法人であっても、日本国内に支店、営業所等の拠点を有する場合や、日本における代表者を定め、その登記をしている場合には、これらの拠点等に対して措置命令書等の文書が送達される。さらに、日本国内に文書の受領権限を有する代理人を選任すれば、当該代理人に対する送達が可能となる。この点については、外国会社が日本において取引を継続しようとする場合、会社法上、営業所を設置しない場合でも日本における代表者を定め、登記を行う必要がある（会社817条1項、818条1項、933条1項1号、934条1項）。そして2022年、法務省は、総務省に電気通信事業者として届出を出している外国IT企業のうち未登記であった外国会社に対し、一斉に登記申請要請を行い、外国法人に対し日本における登記を申請し、会社情報を適切に公示するよう促した。こうした動きも、日本の消費者が行う外国法人とのインターネット取引の増加に伴う消費者保護の一環といえる。

（安井）

第2章

広告の作成

当社はオンラインでサプリメントを販売しています。つい最近、サプリメントに含まれる成分Aに関し、代謝促進効果があるという実験結果の報告を受けました。成分Aに関する実験結果をプレスリリースや当社の研究サイト（商品販売サイトではない別のサイト）で発表することに問題はありますか。ここでは商品名については言及する予定はありません。

A 当該プレスリリースや研究サイトに商品名等を記載しない場合であっても、成分Aに関する実験結果を見た一般消費者に対し、当該成分を含むサプリメントの購入を誘引するような形での表示が行われている場合（例えば、商品サイトへのリンクを貼るとか、実験概要欄に商品名を記載する等、商品と紐づく形で広告表示を行う場合等）には、商品に関する広告として各種広告規制の適用を受けることになる。

解 説

1 商品名について言及しなければ広告規制は適用されないか

まず、オンラインでサプリメントを販売する場合に関連する広告規制としては、主に以下の法令との関係に留意する必要がある。

法令の名称	概要
景表法 健康増進法	虚偽・誇大な広告を規制している。 ※景表法は、規制対象が供給主体である販売業者等に限定されているが、健康増進法は規制対象を限定しない「何人も」規制である（**Q18**参照）。
薬機法	承認を得た医薬品・医薬部外品を除く、食品の表示において医薬品的効能効果の標榜を禁止している。

	※薬機法は「何人も」規制であり、広告代理店やメディアであっても規制対象となる（ **Q18**、**Q19** 参照）。
特商法	通信販売など取引の類型に応じた必要的記載事項を義務的に表示する必要がある（ **Q24** 参照）。
食品表示法 食品表示基準	・容器包装に入れられた加工食品を販売する場合の容器包装上への必要的記載事項および表示禁止事項を規定している。あくまで容器包装への記載を規制するものであり、デジタル広告における食品表示情報の掲載については適用範囲外となる。 ・ただし、一般消費者に正しい情報を伝達すべきとの観点から、デジタル広告のうちＥＣサイト上での食品表示情報については、食品表示基準に準じた表示をすることが望ましい旨の考え方が公表されている（消費者庁「インターネット販売における食品表示の情報提供に関するガイドブック」）。

　成分Aに関する実験結果をプレスリリースや研究サイトに表示することが「表示」（景表2条4項）、「広告その他の表示」（健康増進65条1項）、「広告」（薬機66条1項、68条）に該当する場合には、各種広告規制の適用を受けることになる。

② 「表示」・「広告その他の表示」・「広告」とは

　景表法上の「**表示**」とは、「顧客を誘引するための手段として、事業者が自己の供給する商品又は役務の内容又は取引条件その他これらの取引に関する事項について行う広告その他の表示」（景表2条4項）と定義とされており、事業者による顧客誘引のための一般消費者向けの広告であれば「表示」に該当する。**健康増進法**上の「**広告その他の表示**」に関する定義規定は存在しないが、顧客を誘引するための手段として行う広告その他の表示を指すとされている（消費者庁「健康食品に関する景品表示法及び健康増進法上の留意事項について」平成28年6月30日、令和4年12月5日一部改定）。

　また、**薬機法**上の「**広告**」も定義規定は存在しないものの、厚労省により、①顧客を誘引する意図が明確であること（**顧客誘引性**）、②特定医薬品等の商品名が明らかにされていること（**特定性**）、③一般人が認知できる状態であること（**認知性**）、という3要件を満たすものと整理されている（「薬事法における医薬品等の広告の該当性について」平成10年医薬監第148号厚

生省医薬安全局監視指導課長通知）。ただし、①要件については、学術論文の専門雑誌への掲載行為の「記事を広告し、記述し、又は流布」（薬機66条1項）する行為該当性が問題とされた事案において「特定の医薬品等に関し，当該医薬品等の購入・処方等を促すための手段として……同項所定の事項を告げ知らせる行為をいう」と判示されており、必ずしも顧客を誘引する意図が明確でなくても客観的に顧客を誘引する関係が認められるのであれば①要件を充足する点に留意する必要がある（最決令和3・1・28刑集75巻7号666頁）

③ 商品名等を広告等に記載しない場合であっても規制対象となりうる

　商品名等を広告等に記載しない場合であっても、「表示」・「広告その他の表示」・「広告」に該当するのだろうか。この点、以下の事例が参考となる。

(1) 事件の概要（京都地判平成27・1・21判時2267号83頁）

　健康食品Bを製造販売するS社が、実質的に同一主体とみられる「A研究会」が発行する折込チラシ（以下「研究会チラシ」という）において、Bに含まれる一般的原材料であるクロレラおよびウコギには「病気と闘う免疫力を整える」等の医薬品的効能効果があるかのような記載していたとして、京都の適格消費者団体が、S社を被告として、チラシ配布の差止めなどを求めた訴訟である。

　具体的には、研究会チラシには、健康食品Bの商品名は記載されていなかったものの、S社の独自技術とされている細胞壁破砕クロレラを紹介するとともに、相乗効果があるとするウコギという成分と併せて継続的に服用することで慢性的な疾患が改善するかのような体験談がほぼ全面に記載されていた。また、研究会チラシにしたがってA研究会に資料請求すると、S社の販売する商品のカタログや申込書等が送付され、それに基づき健康商品Bの購入を申し込めるような仕組みがとられていた。

　京都地裁は、研究会チラシの配布主体はS社であり、その表示内容は優

良誤認表示に該当すると判断し、適格消費者団体の請求を認容している。
注目すべきは、判決において「商品名を表示しない広告であっても、多数
の消費者が当該広告で行われた不当な説明に誘導されて特定の商品購入に
至るという仕組みがある場合には、当該広告をも景表法の規制対象としな
ければ、景表法の規制目的を達成することが非常に困難となる……これを
研究会チラシについてみるならば、そこに記載された様々な効用に関心を
抱いた顧客は必然的に被告商品の購入を勧誘されるという仕組みが取られ
ているのであるから、研究会チラシの記載を被告商品の品質に関する表示
とみなければならないのである。」と「仕組み」にフォーカスして、研究
会チラシの表示主体を認定している点である。

(2)　事件の概要（消費者庁2019・1・11措置命令）

　「ブロリコ」という成分（以下「本件成分」という）を含有する「ブロリ
コ」という名称の健康商品（以下「本件商品」という）を販売するI社は、
商品販売サイトとは異なる「ブロリコ研究所」と題する自社ウェブサイト
（本件ウェブサイト）において、本件成分に免疫力を高める効果があるかの
ような表示をしていた。消費者庁は、I社が、本件ウェブサイトを通じて
本件成分に係る資料を請求した一般消費者に対して、本件成分に関する効
果が記載された冊子等に加え、本件成分と同一名称の本件商品の注文はが
き付きチラシおよび本件商品の無料サンプルを送付していたことから、本
件ウェブサイトを本件商品に関する「表示」と認定した。

　措置命令書からは消費者庁による「表示」該当性に係る判断理由は明確
ではない。しかしながら、命令書記載の事実を前提とすると、本件ウェブ
サイトに商品名自体の記載はないものの、成分に関する広告等に記載され
た問合せ先に連絡した一般消費者に対し、特定の成分に関する情報が掲載
された冊子とともに、特定の商品の注文はがきや当該商品の無料サンプル
が提供される等、複数の広告等が一体となって特定の商品自体の購入を誘
引する仕組みがとられていたこと等から、本件ウェブサイトも含め「表
示」（景表5条1号）に該当すると判断したものと考える。

(3) 「表示」該当性のまとめ

このように、具体的な商品名が広告に明示されていない場合であっても、当該広告に接した一般消費者に対し、特定の商品の購入を誘引するような形での表示が行われている場合には、景表法の「表示」に該当するとの判断が示されている。

また、

・特定の成分の効果等に関する書籍や冊子、ウェブサイト等の形態をとっている場合であっても、その説明の付近に当該成分を含む食品の販売業者の連絡先やウェブサイトへのリンクを一般消費者が容易に認知できる形で記載しているようなとき

・特定の成分の名称を商品名やブランド名とすること等により、当該成分の効果等に関する広告等に接した一般消費者に対し、当該成分を含む特定の商品を想起させるような事情が認められるとき

等も、当該広告その他の表示は、景表法の「表示」に該当することになる（消費者庁「健康食品に関する景品表示法及び健康増進法上の留意事項について」6頁）。このような考え方は、一般消費者を誤認させて商品を購入させる広告手法を禁止する健康増進法上の「広告その他表示」および薬機法の「広告」該当性判断（要件②）にも通じるものであると考えられる。

(4) 本問の検討

貴社が成分Aに関する実験結果を掲載したプレスリリースや研究サイトにおいて、成分Aを含むサプリメント名を記載しない場合であっても、プレスリリースや研究サイトを見た一般消費者に対し、成分Aを含むサプリメントの購入を誘引するような形での表示が行われている場合（例えば、商品サイトへのリンクを貼るとか、実験概要欄に商品名を記載する等、商品と紐づく形で広告表示を行う場合等）には、商品に関する表示あるいは広告として各種広告規制の適用を受けることになる。

なお、本問のサプリメントの成分に認められたとされる「代謝促進効果」は、いわゆる医薬品的効能効果であって、承認を受けた医薬品でなければ広告において表示できない事項（Q19 参照）であるところ、一般の健

康食品であるサプリメントの広告において、当該サプリメントを摂取することで代謝促進効果があるかのような表示をした場合、承認前医薬品等の広告禁止（薬機68条）に違反することになる。

　以上より、成分Aに関して代謝促進効果があるという実験結果を公表したいのであれば、成分Aを含む特定の商品の購入を誘引しないような形で実施する必要がある。

（川﨑）

Q

13 アンブッシュマーケティング（便乗広告）

当社（スポーツ用品メーカー）とスポンサー契約を締結している スポーツ選手「X」が、著名なスポーツ大会「α」の日本代表に選ばれた。当社は、「α」の公式スポンサーではない。大会期間中に当社のSNS公式アカウントで、「X」が当社製スポーツ用品「β」を使用している場面を撮影した写真付きで「当社は、『β』の提供を通じて、『X』選手の『α』での活躍をサポートします！」との応援メッセージを発信することは可能か。

A

日本においては、特定のイベント等を想起させてその顧客誘引力を使用したマーケティング活動を行うこと自体を直接規制する法律はない。

「α」に関するロゴ、名称等についてライセンスを受けずにマーケティングに使用することは、商標権等の知的財産権の侵害に当たる可能性があるものの、いわゆる商標的使用でなければ、商標権侵害には該当しない。

しかし、（ロゴ等の使用を問わず）不法行為として損害賠償請求を受けて紛争となる可能性や、選手の大会参加条件との関係で大会規約等にも留意しなければならない。

解説

1 アンブッシュマーケティング（便乗広告）について

オリンピックやサッカー・ワールドカップなどの世界的に著名なイベント・大会の名称やロゴ等は、強い顧客誘引力がある。このようなイベント等については通常スポンサー制度が設けられており、企業が当該大会等の

名称やロゴ等を使用して広告その他マーケティング活動を行うには、主催団体等からライセンスを受ける（いわゆる大会公式スポンサーとなる）必要がある。

　アンブッシュマーケティング（ambush marketing）ないし便乗広告については、必ずしも一義的な定義はないものの、基本的には、このような強い顧客誘引力を有するイベント等について、主催団体等とスポンサー契約を行わない企業等（以下「非公式スポンサー」という）が、当該イベント等が有する顧客誘引力を利用して自らの商品等について広告その他のマーケティング活動を行うこと、との意味で用いられていると考えられる。

② アンブッシュマーケティング（便乗広告）に対する法的規制

(1) 日本でアンブッシュマーケティング自体を直接規制する法律はない

　諸外国、特にオリンピック開催国においては、オリンピックを想起させる広告を法律で規制する例もあるが、日本では現在のところ、（下記(2)イのとおり一定の場合には国際機関の標章の商業上の使用禁止に該当する可能性があることを除けば）あるイベント等を想起させてその顧客誘引力を使用したマーケティング活動を行うことそれ自体を直接規制する法律はない。

　そのため、下記(2)の商標権侵害等の知的財産権侵害に当たる場合を除けば、アンブッシュマーケティングを行うこと自体が直ちに違法となるものではない。

(2) 商標権その他知的財産権の侵害について

ア　商標権

　通常、国際的に著名なイベント等のロゴや名称等は商標登録され、主催団体等がその使用について専用権（商標25条）を有し、大会公式スポンサーのみにその使用がライセンスされている。

　したがって、非公式スポンサーが、指定商品・役務と同一または類似のものについて、当該商標と同一または類似の商標を、商品等の広告に付して展示するなどの「使用」を行えば、商標権の侵害に当たる可能性がある（商標2条3項、25条、37条）。

　ただし、形式的には商標の「使用」に該当しても、いわゆる商標的使用（その商品の製造元や販売元といった出所が需要者にわかるように商標を使用すること）に当たらなければ、商標権侵害とはならないと解されている（ポパイ・アンダーシャツ事件・大阪地判昭和51・2・24判時828号69頁。商標26条1項6号。 Q1 参照）。

　この点、本問の場合、商品「β」の広告宣伝に「α」の名称が付されているため、商標の「使用」に該当するかが問題となる。しかし、最終的には具体的な表示の仕方によるものの、本問のSNS投稿における「α」の名称については、これに接した需要者が、商品「β」が「α」の主催団体等からライセンスを受けて製造販売されているといった、商品「β」の出所がわかるように「使用」されているとは認められない限り、商標権侵害とならない可能性も十分あるように思われる。

　　イ　不競法について

　他人の商品や営業の表示として周知されている表示や著名な表示（例えばイベントや主催団体等の名称・ロゴ）の使用や、国際オリンピック委員会等の国際機関の名称や標章（五輪マーク）等の商業上の使用については、不正競争行為（不競2条1項1号［周知表示混同惹起］、同項2号［著名表示冒用］、17条［国際機関の標章の商業上の使用禁止］）に該当し、不競法に基づく差止請求等の対象となる可能性がある。

　ただし、いずれの類型についても、「使用」が要件であり、前記アの商標的使用と同様、他人の周知・著名表示を商品・役務の出所がわかるかたちで使用することが要件となるため、使用によって直ちに不正競争行為に当たるものではないと解される（不競法および著作権法上の問題については別途 Q2 参照）。

⑶　**その他留意すべきリスク等**
　　ア　主催団体等から不法行為に基づく損害賠償請求を受ける等の紛争
　　　化リスクがあること
　著名なイベント等のロゴ・名称は、それ自体顧客誘引力ないしブランドイメージを有しており、一定の保護に値する財産的価値があるとも考えら

れる。したがって、仮に商標権等の侵害が認められなくても、公式スポンサー以外の企業や団体が当該ロゴをフリーライド的にマーケティングに利用する場合、本来支払われるべきスポンサー料相当額の損害や当該顧客誘引力等の希釈化等による損害を受けたとして、主催団体から不法行為に基づく損害賠償請求を受ける可能性がある。

　この点、いわゆる物のパブリシティ権について、「法令等の根拠もなく……排他的な使用権等を認めることは相当ではな」いとしてこれを否定した判例（ギャロップレーサー事件・最判平成16・2・13民集58巻2号311頁）等に照らすと、このような請求が認められるかは必ずしも明らかではない。しかしながら、主催団体においては、フリーライド的なロゴ使用が野放しになれば、企業が公式スポンサーとなるインセンティブを削ぎ、スポンサー制度に基づくビジネスモデル自体を危殆化させるおそれもあるため、牽制的にそのような請求ないし警告を行うことも十分考えられる。したがって紛争化リスクは必ずしも小さくない点に留意が必要である。

　　イ　当該イベントの規約上の禁止規定に抵触する場合、選手個人の大
　　　会参加資格に影響が生じる可能性があること

　イベントによっては、主催団体の定めた規約等においてアンブッシュマーケティングが禁止されている場合がある。

　例えば、オリンピックについては、オリンピック憲章規則40条の付則3に出場選手等の商業活動に関する規則が定められ（いわゆる「ルール40」）、大会ごとにガイドラインが定められている。そしていわゆる個人スポンサー（スポーツ選手個人とスポンサー契約を締結して当該選手の活動を支援するとともに、その肖像を使用して自社商品の宣伝広告等を行う企業）が出場選手の肖像を利用した広告を行う場合には、オリンピックを想起させるおそれがない広告内容であること等の条件が定められ、アンブッシュマーケティングが規制されている。

　こうした規約等に基づくルールの遵守は、選手の大会への参加資格条件となっており、違反行為は大会参加資格の剥奪にもつながる可能性がある。

　そのため、本問のように、自社とスポンサー契約を締結している選手がそうした大会に出場する場合には、選手の広告出演その他の当該選手の肖

像利用が当該大会の規約等に抵触してその参加資格に影響することのない
よう、あらかじめ広告・マーケティング活動に関する規約等の内容に留意
することが適切と考えられる。

（細川）

Q14 ウェブ広告にメタタグを利用する場合の注意点

当社は、この度、SEO対策の見直しを行っています。そこで、当社の商品を求める潜在的ユーザーが当社のウェブサイトを見る回数を増やすために、競合他社の類似商品の名称を自社ウェブサイトのタグやメタタグに含めることを考えています。このような広告を作成する場合に、法律上気を付けるべきことを教えてください。メタタグが単なる検索ワードであってユーザーに直接表示されない場合は何か違いはありますか。

A　競合他社の商品名をタグとして使用する場合や、メタタグとして使用する場合でも検索結果のウェブサイトの説明に表示される場合には、商標権侵害や不正競争行為に当たる可能性が高く、差止請求や損害賠償請求を受けるリスクがある。他方でメタタグを単なる検索ワードとして設定するに留めユーザーに表示されない場合には、現在の裁判例に照らすと、商標権侵害や不正競争行為に該当するリスクは小さいと思われる。

◢解|説

① タグとメタタグの意義

本問でいう**タグ**とは、同じトピックのウェブサイトをグループ化するなどのためにウェブサイト上に表示されるワードのことである。他方で、**メタタグ**とは、ウェブブラウザや検索エンジンに対してウェブサイトに含まれるコンテンツの情報を伝えるためのHTMLの記載を指す。これらのタグやメタタグの使用方法としては、キーワードに沿ったリスティング広告を表示する場合や、競合他社の商品のブランドの訴求力を自社商品の広告に用いる場合などが想定される。

　以下では、タグならびに、メタタグのうち、検索結果としてウェブサイトの説明の中で表示されるもの（以下「ディスクリプションメタタグ」という）および、検索ワードとして設定されユーザーがソースコードを確認するなどしない限り、通常はユーザーの目には触れないもの（以下「キーワードメタタグ」という）を取り上げて解説する。

② 関連する法律

(1) 商標法

　商標法2条3項8号は、商標の使用態様の一つとして「商品若しくは役務に関する広告、価格表若しくは取引書類に標章を付して展示し、若しくは頒布し、又はこれらを内容とする情報に標章を付して電磁的方法により提供する行為」と規定している。

　そして、商標が登録されている商品や役務について、自他商品識別機能ないし出所表示機能を用いる形で使用（**Q1** 参照。いわゆる商標的使用。商標26条1項6号も参照）された場合には、商標権の侵害に当たる。
商標権の侵害に当たる場合には、商標権者から、差止請求（商標36条）を受ける可能性があるほか、損害賠償請求を受ける可能性もある。商標権侵害には罰則も設けられている（商標78条、82条1項1号）。

(2) 不競法

　不競法は、「他人の商品等表示……として需要者の間に広く認識されているものと同一若しくは類似の商品等表示を使用し、……若しくは電気通信回線を通じて提供して、他人の商品又は営業と混同を生じさせる行為」を不正競争行為として規定している（不競2条1項1号）。

　不正競争行為に該当した場合には、それによって営業上の利益を侵害されまたは侵害されるおそれがある者から、損害賠償請求や差止請求を受ける可能性がある（不競3条、4条）。また、不正の目的をもって同号の不正競争を行った場合には罰則も設けられている（不競21条2項1号、22条1項3号）。

③　それぞれの使用態様に応じた本問の検討

(1)　タグ

ア　商標法

　貴社の競合他社の商品名が、商標登録を受けている場合、当該商品名をタグとして貴社のウェブサイトに掲載することは、商標法2条3項8号の「標章を付して」に当たる。加えて、貴社のウェブサイトは、貴社の商品を紹介していることが想定されるため、貴社のウェブサイトは「広告」を内容とする情報に当たると考えられる。そして、その種の商品を求めているユーザーの目に触れることを目的としていることから、競合他社の類似商品をタグとして掲載することは、当該他社商品の説明のために使用する等の場合を除き、商標的使用に当たるといえる。そのため、商標権侵害に当たる可能性が高い。

イ　不競法

　競合他社の商品名が商品等表示として広く知られている場合には、他人の商品等と混同を生じさせるとして不正競争行為に当たる可能性がある。

(2)　ディスクリプションメタタグ

ア　商標法

　ここでは、他社の商標をメタタグとして利用したことが商標権の侵害行為に当たると判断した裁判例を紹介する。東京地判平成27・1・29（判時2249号86頁）では、被告は、ウェブサイトを通じて消費者から注文を募り、原告の商品を購入して、梱包発送し、消費者に転売する買物代行事業を行っていた。被告は、「【IKEA STORE】」などの被告商標をタイトルタグおよびメタタグとして使用しており、検索結果の一覧が表示されるウェブページに、タイトルタグおよびメタタグの内容のとおりの表示がされていた。裁判所は、被告商標は、原告の商標に類似することを認めた上で、メタタグないしタイトルタグとしての使用は、被告サイトの内容の説明文、概要やホームページタイトルとして表示されることに照らし、商標的使用に当たると判断し、商標権の侵害を認めた。

　また、大阪地判平成17・12・8（判タ1212号275頁）では、被告が、被告のウェブサイトのトップページを表示するためのhtmlファイルに、メタタグとして「クルマの110番」という文字列を含めたことで、検索サイトにおける被告サイトの説明として、「クルマの110番」を含む表示がなされていた。裁判所は、「クルマの110番」という標章が、原告の商標に類似することを認めた上で、上記のメタタグとしての記載した行為が商標権の侵害に当たると判断した。

　これらの裁判例では、メタタグは、検索サイトの検索結果においてウェブサイトの説明として表示され、ユーザーの目に触れる機会があったといえる事案であった。したがって、ユーザーの目に触れるディスクリプションメタタグに競合他社の製品名を使用する場合には、指定商品・役務（商標を使用する商品・役務）等の他の要件を満たせば、競合他社の商標権の侵害に当たる可能性が高いといえる。

イ　不競法

　競合他社の商品名が商品等表示として周知されている場合に、これをディスクリプションメタタグとして用いると、「商品等表示を使用し」ていると評価される可能性が高く、他人の商品等と混同を生じさせた場合には、不正競争行為に当たるといえる。

⑶　キーワードメタタグ

ア　商標法

　大阪地判平成29・1・19（判時2406号52頁）は、原告が有していた「バイクリフター」という商標の指定商品に含まれる商品を製造販売する被告が、被告のウェブサイトのキーワードメタタグにおいて原告商標を使用していた事案である。裁判では、キーワードメタタグは、被告のウェブサイトを検索結果としてヒットさせる機能を有するにすぎず、ブラウザの表示からソース機能をクリックするなど、需要者が意識的に所定の操作を行わなければ、検索結果の表示画面の被告のウェブサイトの欄にそのキーワードが表示されないことが認定されている。その上で、裁判所は、検索キーワードの入力や表示をもって、キーワードメタタグが、被告のウェブサイ

トの広告の内容として視覚により認識される態様で使用されていると認めることはできないとして、商標的使用には当たらず、商標権侵害とは認められないと判断している。

この裁判例に照らすと、貴社のケースのように他社の製品名をメタタグとして使用する場合であっても、検索ワードとしてユーザーの目に触れない形で使用する場合には、商標の使用に当たらず、商標権侵害に当たらない可能性が高い。

イ 不競法

ウェブサイトの説明においてメタタグは表示されず、ユーザーの目に触れることが想定されていないことから、当該「商品等表示を使用し、……他人の商品又は営業と混同を生じさせ」るといえる可能性は小さく、不正競争行為に当たると判断されるリスクは低い。

4 まとめ

以上、タグ、メタタグの使用に関する問題点について、裁判例も交えて紹介した。商標権侵害や不正競争防止法に違反するかは、個別具体的な使用方法によるところも大きいため、詳細な検討には専門家に相談することが望ましい。

（山本）

▶Column　画像利用・引用の留意点

1　画像利用に際しての法律上の問題

(1)　問題となりうる法律上の権利

　写真やイラスト等の画像の著作物（ Q2 参照）を利用する際は、原則として著作権を有する著作権者の許諾が必要である（著作63条1項）。著作物について生じる権利は譲渡可能であるため、著作権者は、著作物の創作者である著作者（著作2条1項2号）と必ずしも同一ではない点は留意する必要がある。

　肖像権については、カメラ撮影の場合に問題となることが多いが、イラストで人の顔や姿を描写する場合でも問題になりうる。また、被写体やイラストの対象が単なる一般人ではなく、顧客吸引力を持つ著名人の場合には、パブリシティ権も問題となりうる（ Q2 参照）。

(2)　具体例：写り込みについて

　公共の場で撮影した写真にある人物が写り込んでいた場合、共の場で誰かから見られることは当然であり、一般論としては、その延長として写り込みがあるためプライバシー権や肖像権の侵害になりづらい。ただし、プライバシー権や肖像権の侵害は個別具体的な事案に応じて検討すべきであり、公共の場の写り込みだから一切問題にならないわけではない点には留意が必要である。

　また、写真撮影をした場合、背景にキャラクター等、著作権として保護された対象が写り込む場合がある。写真撮影の場合、対象を分離させることが難しいため、著作権法においては、写り込んでしまう著作物（付随対象著作物）については，原則侵害行為が成立しないとされている（著作30条の2）。しかし、例えば、著作物であるポスター等をあえて撮影してSNSに投稿する行為は、付随的な利用とはいえないため、著作権者の許諾がない限り利用できない。

(3)　具体例：フリー画像の利用について

　いわゆるフリー素材等であっても、利用が無制限に許可されているわけではなく、一定の利用上の制限や条件がある場合がある。特に、素材を一

部編集・改変・加工等を行うことにより元の素材と異なる利用（いわゆる二次利用）ができるのかという点については、利用規約等を注意して確認すべきである。

2　引用についての論点

(1)　著作権者の許諾がなくても引用が認められる場合

著作権者の許諾がなくても、公表された著作物は一定の要件を満たせば、「引用」として利用することができる旨が定められている（著作32条1項）。「引用」に該当するためには、公正な慣行に合致する態様、かつ、判例上、①自身の著作にかかる部分と利用する引用部分とが明確に区別され、かつ、②自身の著作が「主」、引用される著作が「従」でなければならない（モンタージュ写真事件・最判昭和55・3・28民集34巻3号244頁）。また、引用の際には、当該引用部分が、誰のどのような著作権により保護されたものなのかがわかるよう、出典を明記しなければならない（著作48条）。

(2)　SNS上のアクションが法的問題となった事例

名誉毀損（刑法上は名誉毀損罪（刑230条1項）、民法上は不法行為（民709条））や著作権侵害等の違法な内容のSNS上の投稿に対するアクション（いいね、リツイート等）が、同様に違法となるかが問題となりうる。

最近では、中傷的なツイッター（現在X）投稿に「いいね」をクリック・タップした行為が不法行為を構成するとして、損賠賠償の支払いを命じる判決が確定した（最決令和6・2・8）。また、リツイートの名誉毀損該当性が争われた事案（大阪高判令和2・6・23判タ1495号127頁）では、リツイートは特段の事情のない限り、「元ツイートに係る投稿の表現内容をそのままの形でリツイート主のフォロワーのツイッター画面のタイムラインに表示させて閲読可能な状態に置く行為に他ならない」等と判示され、名誉毀損に該当するとされた。著作権を侵害する投稿記事のリツイートが、著作者の権利として著作権法上保護される氏名表示権（著作19条1項）侵害に該当すると認めた最高裁判決もある（最判令和2・7・21民集74巻4号1407頁）。

（福島）

Q 15 広告作成における公正競争規約の活用

当社は、当社の商品についてインターネット上で広告を行おうと考えているのですが、当該商品について公正競争規約が定められていることを知りました。公正競争規約は遵守しなければならないのでしょうか。公正競争規約とは何であり、遵守すればどうなるのか、また、違反すればどうなるのかを教えてください。

A 公正競争規約とは、消費者庁長官および公正取引委員会の認定を受けた、事業者または事業者団体が自主的に定める業界内のルールである。景表法の規定は抽象的だが、業界の実態に応じた表示や景品類の提供に関するルールが細かに定められている。公正競争規約に従った表示や景品類の提供は景表法に違反しない。公正競争規約に参加していない事業者であっても、公正競争規約を確認することで、当該規約が対象とする業界の適正な表示や景品類の提供の基準を知ることができ、表示や景品類の提供を行う際に参考となる。

また、貴社が公正競争規約に参加し、公正競争規約を遵守することで景表法上問題とされることがなくなるため、安心して事業を進めることができる。ただし、公正競争規約に参加したからといって、当該規約の対象外の行為に関し、景表法の適用を免れるわけではないことに注意が必要である。他方で、公正競争規約の中には、景表法の執行レベルよりも厳しい制限を設けるものもある。そして、公正競争規約に違反した場合には、当該規約に定める措置を受けることとなる。

したがって、公正競争規約に参加する際にはどのような規定が含まれているかを確認して、参加するか否かを判断することが重要である。

解｜説

1　公正競争規約とは何か

　公正競争規約とは、消費者庁長官（景表法36条に基づき内閣総理大臣に認められている権限が政令により委任されている）および公正取引委員会の認定を受けた、事業者または事業者団体が自主的に定める業界内のルールである。公正競争規約は、景表法36条2項各号に定められた以下の要件を満たす必要がある。

①　不当な顧客の誘引を防止し、一般消費者による自主的かつ合理的な選択および事業者間の公正な競争を確保するために適切なものであること。

②　一般消費者および関連事業者の利益を不当に害するおそれがないこと。

③　不当に差別的でないこと。

④　当該協定もしくは規約に参加し、または当該協定もしくは規約から脱退することを不当に制限しないこと。

　公正競争規約は、商品または役務の表示方法に関する表示規約と、景品類の提供の制限に関する景品規約が存在する。公正競争規約が設定されている業種の一覧は、消費者庁のホームページ「公正競争規約が設定されている業種」において、公開されている。

　公正競争規約は、公正取引協議会によって運用される。この公正取引協議会の一覧は、一般社団法人全国公正取引協議会連合会のホームページにおいて確認することができる。

2　公正競争規約の典型的な内容

　表示規約には、通常、表示することが必要な事項、特定の事項を表示する際の基準、特定の用語を表示することの禁止等が定められている。ま

た、公正競争規約に則って適切な表示が行われている場合に付すことのできる公正マークおよびその要件が定められていることもある。

他方で、景品規約には、景品類の提供の制限の内容について定められている。

各規約は、これらに加えて、規約の目的、定義といった一般的な事項のほか、違反が疑われる場合の調査や決定といった手続や、違反に対する措置、措置に対する異議申立ての方法についての事項等といった措置に関する事項、さらに公正競争規約を運用する公正取引協議会に関する事項なども定められている。

③　公正競争規約の効果

(1)　参加事業者に対してのみ生じる効果

公正競争規約は、直接的には、当該規約に参加する事業者を拘束する。

したがって、参加事業者は当該規約を遵守する義務を負う。規約によっては、執行事例において景表法に違反すると判断されている基準よりも厳しい要件を付しているものもあるので、規約の内容には注意が必要である。また、公正競争規約はインターネット上の広告についても適用されるものもある。参加事業者が公正競争規約に違反した場合には、当該規約の運用団体である公正取引協議会から、公正競争規約に定められた手続の下で、当該規約に定められた措置を受ける。

参加事業者は、公正競争規約を遵守した表示や景品類の提供について、景表法上、問題があるとされることはない。ただし、公正競争規約に参加することにより、参加事業者が景表法当局からの執行を受けることがおよそなくなるというわけではなく、規約を遵守しない行為や規約以外の事項については執行を受けることがあることに注意が必要である。なお、公正競争規約に基づく行為は、公正な競争を阻害しないと認められているため、独占禁止法違反が生じない旨が規定されている（景表36条5項）。

(2)　非参加事業者に対しても生じる効果

公正競争規約は、当該規約に参加しない事業者には、直接的には効果を

有しない。

　もっとも、公正競争規約の内容が業界のスタンダードになることで、特定の表示が一般消費者に対して与える認識や、正常な商慣習の内容等に影響を与えることがある。公正競争規約は、このような機能を通じて景表法に違反するか否かの判断に影響を及ぼすことで、公正競争規約に参加しない事業者に対しても、間接的に効果を及ぼしうる。

　例えば、2012年の措置命令（9月28日付）では、消費者庁は、対象商品のはちみつは、実際には国内で採蜜された天然はちみつに中華人民共和国またはハンガリーで採蜜された天然はちみつが混合されたものであったところ、当該商品の表示から、それぞれの国で採蜜されたものであることを一般消費者が判別することが困難なものであったと判断した。これに関し、全国はちみつ公正取引協議会によるはちみつ類の表示に関する公正競争規約では、原料原産地名の表示方法につき、採蜜国、原産国を表示する際の基準や表示方法についても定めていた。

　また、2021年の措置命令（12月10日付）では、消費者庁は、ダイレクトステアリング等が標準装備であるかのように表示していたことが優良誤認表示に当たると指摘しているところ、自動車公正取引協議会による自動車公正競争規約では、新車について「『標準装備品』とは、製造業者により標準仕様として装着される装備品」と規定されている。

　このように、公正競争規約において定められている基準や表示方法から、業界のスタンダードを窺い知ることができ、それとの対比から消費者庁に景表法違反と認定されるおそれの有無を知る上で参考となるものであった。これは、事業者がどのような基準でどのような表示を行うのかを決定する上でも有益なものといえる。

④　本問の検討：公正競争規約とのかかわり方

　景表法の規定は抽象的であるところ、公正競争規約は、表示が一般消費者に与える認識や正常な商慣習を考えるに当たり、当該規約が対象とする業界のスタンダードを明らかにするものとして参考となるものである。そのため、貴社が公正競争規約に参加しない場合でも、公正競争規約に合わ

せて表示することで、景表法において問題とされるリスクが相対的に小さくなるといえる。

　加えて、貴社が公正競争規約に参加し、公正競争規約を遵守した表示や景品類の提供について景表法上問題とされる可能性はなくなる。そのため、公正競争規約を遵守して行う活動について、それらのリスクに怯えることなく、安心して事業を進めることができる。

　他方で、公正競争規約に違反した場合には、当該規約に基づいて措置を受けることとなる。また、公正競争規約には、景表法の執行レベルよりも厳しい制限を課すものも存在するため、具体的な規約の内容も考慮して公正競争規約に参加するかを検討する必要がある。

（山本）

Q 16 パーソナライズド・プライシング

> 当社が運営する**宿泊予約サイト**において、新たにユーザーの**属性情報**（性別、年齢、住所等）や**行動履歴**（当社サイトの閲覧・利用履歴等）などのデータを用いて、**ユーザーごとに異なる宿泊価格を設定**することを検討しています。こうした取組みは、独禁法や消費者関連法上、法的に問題はありますか。

A　現行法上、消費者個人の特徴等に基づき、消費者ごとに価格を変えるいわゆるパーソナライズド・プライシングそれ自体が直ちに法的に問題となるとは考えにくい。

　独禁法上は、市場において有力な事業者による競争事業者排除を目的とする差別対価が問題となる場合もある一方、消費者からの搾取等の観点に基づく規制については今後の議論・動向を注視する必要がある。

　消費者関連法上は、いかなる基準で個別化されるのか等の情報開示や禁止すべき取引条件等の個別化等に関して、今後の議論等の展開を見守る必要がある。

解説

① パーソナライズド・プライシングの概要

　パーソナライズド・プライシングについてはさまざまな定義があるが、近時の報告書（公正取引委員会・デジタル市場における競争政策に関する研究会「アルゴリズム／AIと競争政策」(2021年3月)）では、「事業者が、消費者の特徴や行動に基づき、各消費者又は消費者のグループごとに（同じ商品・役務に対して）異なる価格を設定することであり、その価格がそれぞれの推定支払意思額に対応するようにすること」と定義されている。この

点、需要と供給の変化に合わせて価格を変化させる仕組みであるいわゆる
ダイナミック・プライシングとは異なるとされている（前記報告書・38頁
以下）。

　デジタル市場では、さまざまな情報源から多種多様なデータの収集が容
易であり、かつ、収集したデータを高度化したアルゴリズム・AIで分析
することによって、事業者が各消費者の支払意思額を比較的正確に推定す
ることが容易と考えられる。したがって、デジタル市場においては、パー
ソナライズド・プライシングが実施されやすい条件が相対的に整っている
とされている（同前・39頁以下）（データの利活用における個人情報保護法上
の問題点については、 Q8 参照）。

②　独禁法／競争政策との関係

⑴　市場における有力な事業者が競争事業者排除の目的で行う場合には独禁法上の問題となりうること等

　消費者の支払意思額に応じて支払額を決めることの経済効果には、より
多くの消費者が商品等を入手できるようになること（産出量の拡大）によ
る効率性の向上をもたらす可能性があるとされる等、パーソナライズド・
プライシングそれ自体が本質的に公正な競争を阻害するものではないと考
えられる（同前・43頁以下）。例外的に、取引の相手方によって取引価額を
変える行為が独禁法上の問題となりうる場合として、差別対価（独禁２条
９項２号、一般指定３項）等が挙げられるが、一般的な差別対価の考え方
においても、特定の取引先に高値で販売されることのみをもって直ちに公
正競争阻害性があるとは考えられておらず、市場において有力な事業者
が、競争事業者を排除するため、競合する販売地域や顧客に限って廉売を
行い、公正な競争秩序に悪影響を与える場合には、独禁法上問題となると
されている（不当廉売ガイドライン５⑴イ(ア)。過去に競争事業者の顧客を狙い
撃ちする差別的な対価設定が独禁法違反とされた事例として、有線ブロード
ネットワークス事件（公取委勧告審決平成16・10・13）参照）。

　この点、デジタル市場において有力な事業者は、新規参入者等と比べて
消費者に関してより多くの、より多様な属性情報や行動履歴等のデータを

収集することが可能であり、また既にそのような多量かつ多様なデータを蓄積していると考えられる。そのため、仮にこうしたデータを分析することで他の事業者と競合する可能性の高い消費者を特定することが可能となれば、このような有力な事業者が、競争事業者の顧客にのみ低い価格を提示することにより競争事業者を排除したとして、違法な差別対価等として独禁法上問題となる場合もありうる。

　ただし、パーソナライズド・プライシングは価格差別の一形態ではあるものの、競合する顧客に限って低い価格を付けることを可能とするなど競争促進効果等もあると考えられることに鑑みれば、それ自体が有害であるとして一律に規制することは、適当ではないと考えられる（前記報告書・46頁）。

(2)　パーソナライズド・プライシングに伴う消費者からの搾取に関する規制について

　競争事業者の排除のほか、パーソナライズド・プライシングについては、消費者がより高値で購入せざるをえなくなる等の消費者からの搾取が起こりやすくなる可能性があるとの指摘があり、独禁法上の規制の当否が問題となる。しかしこの点については、消費者からの搾取は消費者保護の観点からの政策的対応がより適切との考え方等も踏まえ、消費者への悪影響が生じるパーソナライズド・プライシングのうちどのような場合に独禁法で対応すべきかについて、必要に応じて今後も議論が必要であるとされている（前記報告書・46頁以下）。

③　消費者関連法との関係

　消契法その他現行の消費者関連法においては、例えば消費者に対してパーソナライズド・プライシングを実施していることを告げずに価格に関する訴求表示を行うことが消契法上の不利益事実の不告知（消契4条2項）に該当しないか等、個別の議論はありうる一方、消費者の属性・行動等によって取引価格を個別に定めることそれ自体に対する規制は、特段ない。

　なお、2022年５月25日成立の消契法等の改正法に対する附帯決議を受けて開催された「消費者法の現状を検証し将来の在り方を考える有識者懇談会」では、有識者から、パーソナライズド・プライシングについて、消費者にとっての不公平感、消費者の比較検索コストの増加、全体としての価格高額化の懸念があるため、いかなる基準で個別化されるのかを含めた情報開示を消費者法制において手当することを検討すべきであること、その際、消費者にとって意味のある情報開示の仕方や当局に実効的な調査権限を付与することが不可欠ではないかとのコメントがなされている（2023年１月26日開催第10回懇談会議事録11頁〔丸山絵美子慶應義塾大学法学部教授発言〕）。

　加えて、パーソナライズド・プライシングを含めた契約条件等の個別化への対応については、禁止すべき個別化（差別、不公平感、不信、消費者側に一方的に損失となる個別化）と促進してよい個別化の検討を進めることが議論されている（同第10回懇談会資料２・20頁参照）。この点、ターゲティング広告に関する米国の事例ではあるが、フェイスブック社がユーザーの個人情報に基づいて特定ユーザーにターゲットを絞った不動産広告を行ったところ、ターゲット設定が出身国、宗教、性別等に基づくもので差別的である等として損害賠償等の訴えが提起されたケースがある（ロイター「米住宅当局がフェイスブック提訴、『ターゲット広告で差別』」（2019年３月29日））。しかし例えば、特定の性別向けの商品等の宣伝のために「性別」を基準にターゲット選定を行うことが性差別的とは必ずしもならないものと解される。このように、いかなる取引条件等の個別化が適法・違法となるかについては、必ずしも一義的な基準等があるとは限らず、取引内容ごとに慎重に検討する必要があると考えられる。

④　まとめ

　以上のとおり、現行法上、パーソナライズド・プライシングそれ自体が直ちに法的に問題となるとは考えにくい一方、独禁法・消費者関連法いずれについても、今後の規制要否および態様に関する議論状況を注視する必要がある。

　この点、消費者庁が行った調査で、パーソナライズド・プライシングで価格が提案された場合には、半数近くの消費者が懸念がある旨の回答をしていること等に照らすと（消費者庁「デジタル・プラットフォーム利用者の意識・行動調査（概要）」(2020年5月19日)）、パーソナライズド・プライシングを実装する場合には、法的規制に照らした最低限の措置等にとどまらず、消費者の抵抗感や不信感を払しょく・軽減して取引増加につなげるべく、積極的な情報開示を行う等の対応を取ることも検討すべきように思われる。

（細川）

17 消費者に契約締結することを焦らせる手法

販売サイトで売れ行きが伸び悩む商品Aについて、まずは短期的にでも売上げを伸ばそうと考えています。需要喚起のトリガーとして、ユーザーを焦らせ、今買わないと商品がなくなってもう買えなくなると思わせるような方向の広告を検討していますが、こうした手法が違法とされるラインを教えてください。

A 違法となるラインとしては、①広告内容が虚偽であること、または、②内容自体には嘘偽りはなくとも、広告手法として消費者の誤認・誤解を誘発することが考えられる。近年、消費者庁は焦らせ手法について警戒を強めていることがうかがわれ、①はもとより、②が景表法上優良誤認表示・有利誤認表示と判断され措置命令に至るリスクは上がっているといえる。また、仮に現行法で違法とはいえないとしても、いたずらに一般消費者を焦らせる手法は、一般消費者との長期的な関係を破壊させ、貴社の継続的な発展の足かせになりかねない。

▮解│説▮

1 現行法の規制

ユーザーを焦らせ、今商品・役務を買わなければ損であると思わせる手法（以下「**焦らせ手法**」という）に関連する規制として、現行法では主に消契法、特商法と景表法が挙げられる。

(1) 消契法

例えば、以下のように広告をしたものの、「○月△日」を過ぎてもリンクが残り、商品を依然として購入できる場合、この広告内容は虚偽となる。

> このページは、○月△日を過ぎるとリンクが切れて商品が買えなくなります！

消契法4条では、「消費者契約の締結について勧誘をするに際し」、事業者側が重要事項について事実と異なることを告げた場合（1項1号）、消費者は購入を取り消すことができると規定されている。不特定多数に向けた広告も「勧誘」と評価される場合があるため（最判平成29・1・24民集71巻1号1頁参照）、告知の対象が「重要事項」に該当すれば購入を取り消されることがある。

(2) 特商法

特商法によれば、商品・特定権利の売買契約または役務提供契約について、申込みの期間に関する定めがあるときは、その旨およびその内容を通信販売の広告およびいわゆる最終確認画面に表示しなければならない（下線は引用者。特商11条4号、12条の6第1項2号。いずれも詳細はQ24参照）。

「申込みの期間に関する定めがあるとき」とは、カウントダウンや期間限定販売等により、一定の期間を過ぎると、ある商品・役務が購入できなくなるようにする場合のことである。このような規定が設けられた趣旨は、企業側が申込期間について実態とは異なる表示を行い、「当該商品が記載されている期間を過ぎればもう購入できなくなるため早く購入しなければならない」と消費者を不当に焦らせ、購入させるような表示を防止する点にある。

こうした趣旨から、特商法では、「申込みの期間に関する定めがある」場合には、①申込みの期間に関する定めを設け、②①の具体的な期間を、消費者にわかりやすい形で示さなければならないと定められている（最終確認画面ガイドⅠ1(2)⑤、6-7頁）。この場合、例えば「今だけ」など、具体的な期間が特定できないような形の記載では、特商法上義務付けられる表示を行ったことにはならない。ただ、最終確認画面の中に上述の内容を盛り込むといっても、ユーザーの見やすさの観点から限界があるだろう。

そこで、商品名の横に「○○（商品名）【お申込みは△月×日まで】」と
いった形で記す形でも構わないし、最終確認画面自体にはそれ自体は記載
せず、バナーやリンク先、アコーディオンメニューに記載がされているこ
とを明示した上で、リンク先等に遷移させることも許容される。

　しかしながら特商法で焦らせ手法が規制されるのは、同法12条で禁止さ
れるような虚偽・誇大広告に該当しない限り、あくまで商品・役務自体が
一定の申込期限をもって購入できなくなるようなケースに限られている。

　そこで、商品・役務自体は購入できるものの、一定期間中のみ値引きを
行うようなタイムセール（例：「○月×日までなら半額」）であるかのような
表示をしていたにもかかわらず、実は期後も続いていたという場合は、
主に景表法の規制対象となる。

(3)　景表法

　景表法では、根拠なくいたずらに早期購入をあおることが、優良誤認表
示（景表5条1号）または有利誤認表示（同条2号）として問題となること
がある。

在庫わずかです、早めにご注文ください！

今だけ◎円オフ！こちらをクリック！

　例えば、上記のような表示をしているにもかかわらず、本当は在庫が潤
沢にあった場合、また、「今だけ」と言っていたのに、同じようなキャン
ペーンを繰り返すのは、景表法の趣旨である、「一般消費者による自主的
かつ合理的な選択を阻害するおそれのある行為」（景表1条）といえるた
めである。

　優良誤認表示・有利誤認表示該当性については、一般消費者がその表示
を見たらどのように認識するかを考えることが、重要である。仮に消費者
が、表示から認識した内容と商品・役務の実際との間に落差があると感
じ、この落差がなければ買わなかった（誘引されたなかった）のにと思え

ば、その表示は景表法上違反となる優良誤認表示・有利誤認表示に該当すると考えられる。

　実際、上のような広告表示で、あたかも相当程度多数の注文を受けているかのように示す表示をしていたものの、実際の注文数は僅かであったという点で、消費者庁が措置命令を行った事例がある（消費者庁措置命令2017・11・7付））。また、広告で「今だけ」と記載し、あたかも期間限定で値引きが行われるような表示をしていたにもかかわらず、同様のキャンペーンを繰り返した事例でも措置命令が下され、当時として過去最高額の課徴金納付命令が出された事例がある（景品表示法に基づく課徴金納付命令2020・6・24））。

⑷　まとめ

　以上のとおり、特商法の表示義務規制では消費者が商品・役務の購入期間の実態を正しく理解できるような表示にすること、景表法では消費者がイメージする商品・役務の購入期間と実態との間に齟齬のないようにすべきことが規定されているといえる。いずれの法律でも、商品・役務の購入期間を限定しているのであれば、それを誤解のないように示すこと、そして期間限定表示をした以上は、実際にも表示どおり商品・役務の購入期間を限定することが求められている。

　このように、現在の消契法、特商法と景表法では、ウェブ上の表示により消費者を焦らせて商品・役務を購入させること自体が規制されているのではなく、必要な表示をしないこと、または不当な表示をすることにより、消費者の誤解をもたらすことが規制されている、といえる。

② 「ダークパターン」と措置命令リスク

　消費者庁は、自身のホームページにおいて、国際的な議論を紹介する形で、「『残り〇分』などと、あたかもその後の短時間のみに適用されるお得な取引条件であるかのように表示しているが、実際には当該期間経過後も同じ条件が適用されるもの」がいわゆる「**ダークパターン**」に該当しうることを示唆している。そして、焦らせ手法が「**ダークパターン**」として国

際社会で注目されていることを背景に、日本政府として現行の景表法で対応しうる事案については「厳正に対処をしていきたい」（内閣衆質211第154号「衆議院議員松原仁君提出ダークパターンに対する取り組みの進展に関する質問に対する答弁書」（2023年6月23日））と公にする等、警戒感を強めていることがうかがえる。

　上述のとおり、景表法の「消費者の誤認・誤解」は消費者目線で判断される。したがって企業サイドとしてはそのつもりはなくとも、焦らせ手法は使い方を誤ると、「消費者の誤認・誤解を誘発」したと判断されかねず、優良誤認表示・有利誤認表示として措置命令に至りかねないリスクが上昇していることに注意する必要がある。

（福島）

> アフィリエイト広告を行うにあたって、広告主、ASP、ア
> フィリエイターはそれぞれ何に気をつけなければなりませんか

A 　アフィエイト広告は原則として広告主の表示となる。このた
め、不当表示が行われないような管理体制を構築することが重要
である（ **Q27** 参照）。その上で、広告主とASP、ASPとアフィリ
エイターとの間の契約内容に必要な定めを置く必要がある。ま
た、ASPとアフィリエイターは、広告主と異なり商品・役務の
供給をしていないので、原則として景表法の表示規制は適用され
ない。ただし、薬機法や健康増進法などの「何人」にも適用され
る広告規制は、アフィリエイト広告内容の決定の関与の程度に
よっては、適用されることがあるので注意されたい。

■解│説■

1　はじめに

　通信販売の需要の高まりに伴い、インターネット上の広告手法が多様
化・高度化しており、その1つとして広告主（商品・役務の供給を行う事業
者をいう）によるアフィリエイトプログラムを利用した成果報酬制の広告
（以下「**アフィリエイト広告**」という）が急激に増加している。

2　アフィリエイト広告の管理の難しさ

　広告主が表示物の管理を行おうとしても、広告主は、多くの場合、ア
フィリエイターとの間で直接の契約関係がなく、あくまでASP（アフィリ
エイトサービスプロバイダー）または広告代理店を通じてアフィリエイター
に指示できるにすぎず（実際は指示できない場合も多い）、広告内容の審査

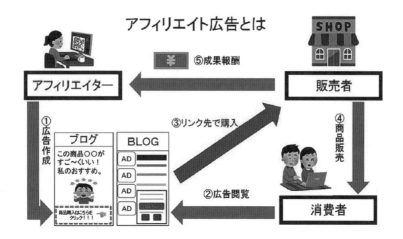

アフィリエイト広告とは

⑤成果報酬

アフィリエイター ← 販売者

①広告作成

③リンク先で購入

④商品販売

ブログ

この商品〇〇がすご～くいい！私のおすすめ。

商品購入はこちらをクリック！！！

BLOG

AD
AD
AD
AD

②広告閲覧

消費者

出典：消費者庁作成

が行き届かないケースが往々に存在する。また、アフィリエイターが成果報酬を求めて虚偽・誇大広告を行うインセンティブが働きやすいということが「アフィリエイト広告等に関する検討会 報告書」（消費者庁2022年2月15日）でも挙げられている。

　このような事態を避けるために、広告主・ASPがガイドライン等を定め、アフィリエイター向けに一定の取決めをすることもしばしばみられる。しかし、そうしたアフィリエイター向けの禁止事項は、例えば「法令に違反しないこと」等抽象的な文言になっている等、文言上どのような行為が禁止されるのか具体化されているわけでもない場合もあり、アフィリエイターに対して虚偽・誇大な広告を禁じるための有効的な手段となっていないことがある。

　さらに、ASPにおいても、契約するアフィリエイターの数が膨大であり、個々のアフィリエイターを監督することは事実上困難であり、すべての広告を事前審査できていないことも多い。そのため実務上、ASPは、特定の広告に関して苦情や指摘があった場合に初めて広告の確認を行い、アフィリエイターに表示を修正させるなどの事後的な対応を行うケースが多い。

③ 法律上の整理

　アフィリエイト広告に関し、広告主・ASP・アフィリエイターそれぞれにどのような法令が適用されるか概説する。

(1) 景表法の適用関係

　景表法は、①「自己の供給する商品又は役務の取引」について、不当な②「表示をしてはならない」と規定している（景表5条柱書）。

　アフィリエイト広告はアフィリエイターが自ら供給する商品・役務を広告として作成・掲載しているわけではなく、広告主の商品・役務の広告を作成・掲載している。すなわち、実際に広告を行う者と広告の対象となる商品等を「供給する」者が別々に存在する。

　このため、景表法の適用を検討するに当たっては、まずASP・アフィリエイターは、商品等を「供給」する主体といえるか、次に広告主としてはアフィリエイト広告を「表示をし」たといえるかが問題となる。

　ASP・アフィリエイターは、通常、自ら商品等を「供給」していないので、景表法の適用対象とならない。しかし、個別の取引実態等によって、広告主と共同して商品・役務を一般消費者に供給していると認められる実態にあると認められる場合、広告主と共同して商品・役務を「供給」していると評価されうる。例えば、広告主の商品の企画立案から関与し、その後の販売活動にも深く関与しているなどの事情がある場合には広告主と共同して商品・役務を「供給」していると評価される可能性がある。この場合、自らの商品等を広告として作成・掲載しているわけではないASP・アフィリエイターであっても景表法上の執行対象となりうる。

　また、「表示をし」た事業者とは、「表示内容の決定に関与した事業者」をいうところ、「他の事業者にその決定を委ねた事業者」も含まれると考えられており、通常はアフィリエイターによる広告であっても広告主が「表示し」たとされている。したがって、アフィリエイト広告が不当表示であった場合には、広告主が当該不当表示を行ったとして、景表法の執行対象となる。

(2)　薬機法の適用関係

　薬機法66条では、「何人も、医薬品、医薬部外品、化粧品、医療機器又は再生医療等製品の名称、製造方法、効能、効果又は性能に関して、明示的であると暗示的であるとを問わず、虚偽又は誇大な記事を広告し、記述し、又は流布してはならない。」と規定している。

　また、同法68条においては、「何人も、……医薬品若しくは医療機器……であつて、まだ……承認又は……認証を受けていないものについて、その名称、製造方法、効能、効果又は性能に関する広告をしてはならない。」と規定している。

　上記のとおり薬機法の広告規制の対象は、景表法と異なり「何人」とされており、自ら商品等を供給していないASP（広告代理店）・アフィリエイターであっても同法の執行等の対象となりうる。例えば、2020年7月、医薬品として承認を受けていない健康食品について、身体的な機能を改善する効果があるかのような記事広告を行ったとして広告主、広告代理店の役職員が薬機法違反（未承認医薬品の広告禁止）の疑いで逮捕された事案がある。

(3)　健康増進法の適用関係

　健康増進法65条は、「何人も、食品として販売に供する物に関して広告その他の表示をするときは、健康の保持増進の効果その他内閣府令で定める事項…について、著しく事実に相違する表示をし、又は著しく人を誤認させるような表示をしてはならない。」と規定されており、その適用対象は、薬機法と同様で「何人」である。

　したがって、自ら商品等を供給していないASP・アフィリエイターであっても、表示内容の決定に関与している限り、同法の執行の対象となりうるが、本書執筆時点においては公表された執行事例は確認できない。

（越田）

Q 19 効果性能を訴求する際の「合理的根拠資料」

当社はオンラインで痩身効果のあるサプリメントを販売して います。広告作成にあたり広告の内容が事実であることを示す ための合理的な根拠が必要であると聞いていますが、具体的に どのような根拠が必要でしょうか。また、表示を作成する上で 留意すべきことはありますか。

A 問題のサプリメントを使用したヒト試験結果や、統計的に客観 性が十分に確保されたモニター試験結果等が必要となる。表示す る際は、実証された内容が表示内容に適切に反映されていること に加え、医薬品や保健機能食品であるかのような表示をしないよ うに留意する必要がある。

解説

1 はじめに

事業者は、自社の商品・役務（以下「商品等」という）の効果、性能等 を表示する場合、その表示を合理的に裏付ける、根拠となる資料を確認し た上で表示する必要がある。資料が表示の裏付けとなる合理的な根拠と認 められるためには、以下の2つの要件を満たさなければならない（**不実証 広告ガイドライン**5頁）。

① 資料が客観的に実証された内容のものであること
② 表示された効果、性能と資料によって実証された内容が適切に対 応していること

② 合理的根拠資料該当性要件

(1)　資料が客観的に実証された内容のものであること

　「客観的に実証された内容のもの」とは、(i)試験・調査によって得られた結果、あるいは、(ii)専門家、専門家団体もしくは専門機関の見解または学術文献をいう。

　(i)の試験・調査の方法は、表示された商品等の効果、性能に関連する学術界または産業界において一般的に認められた方法または関連分野の専門家多数が認める方法（例えば、JIS・ISO等）であることが望ましい。しかし、そうした方法が存在しない場合には、社会通念上・経験則上妥当と認められる方法で実施すればよい。いずれにしても、最終商品等の用途を考慮した上、再現性のある方法で実施することが必要である。例えば、モニター試験等の結果を根拠資料とする場合には、無作為抽出法で相当数のサンプルを選定する等、客観性が十分に確保されていなければならない。

　(ii)については、専門的知見に基づいて客観的に評価した見解または学術文献であって、その専門分野で一般的に認められているものであることが必要である。そのような方法がない場合には、上記(i)の社会通念上・経験則上妥当と認められる方法で試験・調査を実施しなければならない。

(2)　表示された効果、性能と提出資料によって実証された内容が適切に対応していること

　まず、「表示された効果、性能」については、一部の文言等のみからだけでなく、表示全体から一般消費者が受ける印象が基準となる。したがって、一般消費者に与える印象と実証された内容とが適切に対応している必要がある。

　例えば以下のような表示の場合、適切に対応しているとは評価されない。

　×　摂取するだけで痩身効果が得られることを標ぼうする商品に関し、実際には、運動や食事制限をしなければ痩身効果が得られな

いものだった。

× 商品自体の効果として標榜していたものの、実際には、商品に含まれる成分についての効果としか確認できていないものだった。

× ヒトへの有効性を標榜していたが、実際には、マウス等の動物を用いた実験しか実施していなかった。

③　表示上の留意点

(1)　体験談を活用する場合の留意点

　痩身効果を標榜するサプリメントは、健康増進法に定める「健康保持増進効果等」を表示して販売する食品（いわゆる健康食品）に該当する。このような健康食品の広告では、体験談がよく使用されている。体験談の使用が直ちに不当な表示と判断されるわけではないが、一般消費者は効果が得られたとの体験談のみを見た場合、「自分も同じように効果を得られる」といった認識を抱きがちであることに留意したい。

　一般消費者が誤認を招かないようにするためには、不適切な体験談使用（体験者の捏造や一部の都合の良い体験談のみの抽出等）を控えなければならず、あくまで根拠の範囲内に収まる体験談を用いるべきである。なお、実証された内容を適切に反映するという観点からは、①体験者の数とその属性、②そのうち体験談と同じような効果が得られた割合、③体験者と同じような効果が得られなかった割合等、を併せて表示することが望ましいとされる（消費者庁「健康食品に関する景品表示法及び健康増進法上の留意事項について」（平成28年6月30日）19頁）。

(2)　不安・お悩み訴求を活用する場合の留意点

　また、「こんなお悩みありませんか？　疲れが取れない。健康診断で○の指摘を受けた。運動や食事制限が苦手。いつもリバウンドしてしまう。メタボが気になる。」、「最近、体力の衰えを感じるのは、◎が不足しているせいかもしれません。」のように身体についての不安や悩み等を例示す

る方法も多く用いられている。このような表示は、対象商品等を利用する
だけで不安や悩みとして記載された事項を解消しうるかのような効果があ
ることを暗示的または間接的に表現するが、それらについても実証された
内容と適切に対応している必要がある。

(3)　根拠があっても表示できない事項

ア　保健機能食品であるかのような表示

　健康食品のうち、国が定めた安全性や有効性に関する基準等に従い機能
性の表示ができる食品を保健機能食品（特定保健用食品、機能性表示食品、
栄養機能食品）という。

　保健機能食品は、安全性や有効性に関して、通常、保健機能食品以外の
健康食品よりも優れていると認識されている。

　したがって、貴社のサプリメントが保健機能食品以外の健康食品の場
合、それが保健機能食品であるかのように示す広告は、「実際のものより
も著しく優良であると示す表示」である優良誤認表示（景表5条1号）に
該当するおそれがある。なお商品を実際に購入者に届けるにあたり、容器
包装についても、保健機能食品と紛らわしい名称、栄養成分の機能および
特定の保健の目的が期待できる旨を示す用語を表示することはできない
（食品表示基準9条1項10号違反）。

イ　医薬品であるかのような表示

　薬機法には、誇大広告規制（薬機66条1項）と承認前医薬品等の広告禁
止（薬機68条）がある。前者は、虚偽の表現や誇張した表現を用いた広告
を、後者は、医薬品・医療機器・再生医療等製品（以下「医薬品等」とい
う）として承認を得ていないものについて、医薬品等であるかのような広
告を禁ずる規定である。

　貴社のサプリメントの広告において、実証されている効果に対応する広
告を行うであっても、承認前医薬品等の広告禁止規定との関係では、広告
表現に注意が必要となる。

　人が経口的に服用する物が、薬機法2条1項2号または3号に規定する
医薬品に該当するか否かは、「医薬品としての目的を有しているか、又は

通常人が医薬品としての目的を有するものであると認識するかどうかにより判断」される。具体的には、「その物の成分本質（原材料）、形状（剤型、容器、包装、意匠等をいう。）およびその物に表示された使用目的・効能効果・用法用量並びに販売方法、販売の際の演述等を総合的に判断」される（「無承認無許可医薬品の指導取締りについて」昭和46年薬発第476号厚生省薬務局長通知）。

したがって、貴社のサプリメントを摂取することで、「疾病の診断、治療又は予防」・「身体の構造又は機能に影響を及ぼす」効果（以下これらを併せて「医薬品的効能効果」という）が得られるかのような広告を行った場合、仮に、真実そのような効能効果があったとしても、医薬品でないのに医薬品であるかのような表示をしたことになり、承認前医薬品等の広告禁止に違反することになる（違反した場合、2年以下の懲役または200万円以下の罰金。薬機85条5号）。

【医薬品的効能効果の表示例】

> ア　疾病の治療または予防を目的とする効果
> 　　例：「アレルギー症状を緩和する」、「花粉症に効果あり」、「便秘改善」等
> イ　身体の組織機能の一般的増強、増進を主たる目的とする効果
> 　　例：「疲労回復」、「新陳代謝を盛んにする」、「老化防止」、「アンチエイジング」、「免疫力を高める」、「集中力を高める」、「脂肪燃焼を促進！」、「細胞の活性化」等

以上より、貴社のサプリメントについて、例えば「脂肪燃焼促進による痩身効果」・「新陳代謝を高めることによる痩身効果」等医薬品的効能の効果を標榜することはできない。

（川﨑）

Q 20 強調表示と打消し表示

当社はオンラインで当社商品を販売しています。デジタル広告の作成にあたり景表法上留意すべき打消し表示について教えてください。

A デジタル広告においても通常の広告物同様、打消し表示を用いる場合には、打消し表示が一般消費者にとって通常は予期できない事項であることを十分に認識した上で、その事項を明瞭に認識できるような内容および方法で適切に表示する必要がある。

解説

① 強調表示と打消し表示とは

強調表示とは、広告において、事業者が、自己の販売する商品・役務を一般消費者に訴求する方法として、断定的表現や目立つ表現などを使って、品質等の内容や価格等の取引条件を強調した表示をいう。一方、**打消し表示**とは、強調表示からは一般消費者が通常は予期できない制約事項や例外事項であって、一般消費者が商品・役務を選択するに当たって重要な考慮要素となるものに関する表示をいう。

＜例外条件を記載する例＞

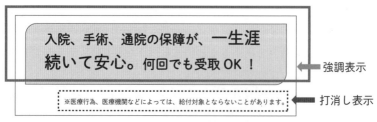

（消費者庁「打消し表示に関する実態調査報告書」（平成29年7月）5頁図引用）

② 不適切な打消し表示が行われた広告は、景表法上の不当表示となりうる

　強調表示は、商品・役務の特徴や訴求のポイントなどをわかりやすく、かつ、印象強く表示したものである。仮に強調表示に例外や制約などがあるときは、打消し表示をわかりやすく適切に行わなければ、その強調表示は、対象商品・役務のすべてについて、無条件、無制約に当てはまるものと一般消費者を誤認させ、ひいては商品・役務の選択に影響を及ぼすことになり、景表法上の不当表示となりうる。

　したがって、本来的には、強調表示のみで商品・役務の内容や取引条件を的確に表示することが最も望ましい。やむをえず打消し表示が必要となるような強調表示を行う場合でも、打消し表示が一般消費者にとって、通常は予期できない事項であることを十分に認識した上で、当該打消し表示を明瞭に認識できるような内容および方法で適切に表示することが求められる。

③ 適切な打消し表示の内容および方法

(1) 打消し表示の内容は、平易な言葉でわかりやすく表現すること

　打消し表示は、一般消費者が商品・役務を選択するにあたって重要な考慮要素となる事項に関する表示をいうのであるから、一般消費者が理解できる言語でわかりやすく表現されるべきである。

　また、強調表示と打消し表示の内容が矛盾している場合、消費者が打消し表示の内容を正確に認識することは困難となる。「分かりやすさ」という観点から、打消し表示が必要となる例外条件や制約条件が存在する場合には、それらが一切存在しないかのような認識を与える強調表示を行わないことも肝要であろう。例えば、割引対象商品が限定されているにもかかわらず、「店内全品半額」という強調表示を行い、あわせて「29,800円以上の商品が対象です」という打消し表示を行うことは、打消し表示の内容が強調表示の内容と矛盾しており、内容において不適切である。このような場合、強調表示から例外条件の存在を推認できるように「対象商品半

額」などの表現を採用すべきであろう。

(2) 打消し表示は、消費者がその内容を認識しうるような方法で表示すること

打消し表示の内容を一般消費者が正しく認識できる方法で表示できているか否かは、以下の要素等から総合的に判断される。

---

① 打消し表示の文字の大きさ

② 強調表示の文字と打消し表示の文字の大きさのバランス

③ 打消し表示の配置箇所

【Web 広告の場合】強調表示と打消し表示が1スクロール以上離れているか

④ 打消し表示と背景との区別

⑤ 【動画広告の場合】打消し表示が含まれる画面の表示時間

⑥ 【動画広告の場合】音声等による表示の方法

⑦ 【動画広告の場合】強調表示と打消し表示が別の画面に表示されているか

⑧ 【動画広告の場合】複数の場面で内容の異なる複数の強調表示と打消し表示が登場するか

---

① 「**文字の大きさ**」は、対象の表示物を一般消費者が実際に目にする状況において適切と考えられる大きさで表示することが求められる。また、単に、文字1つひとつの大きさだけではなく、文字間余白や行間余白の大きさ、一行当たりの文字数等も含め、打消し表示の内容を一般消費者が正しく認識できるのかという観点で決する必要がある。

② 「**バランス**」は、打消し表示と強調表示は「対」の関係にあることから、両者を一体として認識できるようにそれぞれの文字の大きさやバランスに配慮することが求められる（例えば、打消し表示の文字の大きさが強調表示のそれに比べて著しく小さいような場合は不適切となる）。

③ 「**配置箇所**」は、どの強調表示に対応する打消し表示なのかを認識できるよう、強調表示と一体として認識できるような箇所に対応関係

を明瞭にした上で表示することが肝要である。

　ところで、WEB広告は、作成する事業者側にとって提供できる文字数に制限がない上、読み手側の一般消費者にとっても手元で時間的制約なく読める広告物であることから情報量が多くなり、スクロールしないと全体を確認できない場合が多い。このようなWEB広告においては、スクロールが必要な場所に表示された打消し表示は、同一画面内に表示された打消し表示よりも一般消費者に見落とされやすい傾向が認められた（消費者庁「打消し表示に関する表示方法及び表示内容に関する留意点」（実態調査報告書のまとめ）13頁）。

　したがって、WEB広告においては、強調表示と打消し表示は一体として記載することが望ましく、少なくとも１スクロール以上離れないようにすべきである。仮に１スクロール以上離れるような場合には、強調表示に近接する箇所に記載した記号等から一般消費者が打消し表示の存在を連想し、当該記号等から容易に検索できる箇所に打消し表示を記載するといった工夫が求められる。

④　「**背景との区別**」は、打消し表示の文字を明瞭に認識できるよう、打消し表示の色と背景の色を対照的にするなどの工夫が必要となる。

　⑤〜⑧は動画広告特有の留意点である。

　動画広告には、表示時間に限定があること、音声や画面上のアニメーション等に注意が引き付けられること、映像と音声の組合せにより視聴者に強い印象を残すこと、画面が切り替わるたびに情報が次々と映し出されては消え、手元に表示が残らないといった特徴がある。したがって、広告に接した消費者が、動画広告を見る過程で強調表示と打消し表示の対応関係を理解するとともに、打消し表示の内容を認識できる方法で記載することが求められる。

　具体的には、

⑤　打消し表示が含まれる**画面の表示時間**は、その内容・文字数との関係で適切であること

⑥　強調表示を**音声**により強い印象を与える方法で行う場合には打消し表示も音声で行うこと

⑦　対応関係を明瞭にするため、強調表示と打消し表示は**同一画面上に**表示すること

⑧　動画中の情報量が過多になると、動画広告を見る過程ですべての打消し表示の内容を一般消費者が正しく認識できないことから、表示時間との関係で**情報量が適切**であること

に留意する必要がある。

(3)　記載が意味をなさない打消し表示

昨今、商品・役務を利用した者による体験談を強調して表示する一方、当該体験談に「個人の感想です。効果には個人差があります」、「個人の感想です。効果を保証するものではありません」等と付記する体験談広告が多く見受けられる。

しかしながら、このような注釈が適切な方法で記載され、消費者がその内容を認識できたとしても、その商品や役務を利用することで「体験談と同じような効果」が得られる人がいるのだ、あるいは、「大体の人が効果を得られる」等の認識を打ち消す機能はほぼないという実態調査結果が得られている（消費者庁「打消し表示に関する実態調査報告書」）。

このような調査結果に鑑みれば、体験談広告を用いる際には、上記のような注釈をしたとしても、体験談に記載された商品や役務を利用することによる効果に関する認識を打ち消すことにはならないということを肝に銘じる必要がある。

翻って体験談を広告において活用する場合、体験談において訴求できる効果、性能等は、結局のところ、事業者が商品や役務に関して訴求できる範囲である合理的根拠を有する範囲に限定されることになり、それを超えた表示をした場合には不当表示と評価されるおそれがある（**Q19** 参照）。

(川﨑)

Q 21 比較広告を行う場合の留意点

当社商品が他社の商品よりも優れていることを示すため、以下の比較広告を考えていますが問題はありますか。

① 他社商品との機能を比較した一覧表により、当社商品が優位であることを示す広告

	当社商品	他社商品
パワー	◎	○
持続時間	○	△

② アンケート結果に基づく、当社商品である食品が他社商品よりもお客様に選ばれたという広告

調査結果

勝ったのは、当社商品！

60%の人が当社商品が美味しいと回答

A 比較広告自体は可能である。ただし、景表法違反（優良誤認表示）とならないよう、比較広告ガイドラインの内容を確認し、客観的に実証された根拠に基づく記載とする必要がある。その上で、①では、比較した項目が一般消費者の商品選択にとって重要か否か、②では、アンケートの実施者等について一般消費者が調査結果を正確に認識できるように留意すべきである。なお、比較広告は当局や競合他社からの注目が高く紛争となりやすいことも意識する必要がある。

解 説

[1]　適正な比較広告は適法である

　競争事業者の商品等との比較、いわゆる**比較広告**は適正なものである限り禁止されていない。比較広告ガイドラインでも、「競争事業者の商品との比較そのものについて禁止し、制限するものでない」とされている。

　しかし、景表法5条が、自己の供給する商品等の内容や取引条件について、実際のもの又は競争事業者のものよりも、著しく優良であると示す又は著しく有利であると一般消費者に誤認される表示を不当表示として禁止していることから、①実証されていないまたは実証されえない事項での比較、②一般消費者の商品選択にとって重要でない事項を重要であるかのように強調した比較および比較対象品を恣意的に選定する等の不公正な基準による比較、③具体的な情報提供ではなく単に競争事業者またはその商品をひぼう中傷するもの、に該当する比較広告は不当表示のおそれがあるとされている（**比較広告ガイドライン**「はじめに」(1)イ)。

[2]　適正な比較広告の3要件

　比較広告が不当表示とならない、すなわち一般消費者に誤認を与えないようにするためには、次の3要件をすべて満たす必要がある（「比較広告ガイドライン」2. 基本的考え方)。

　①　比較広告で主張する内容が客観的に実証されていること
　②　実証されている数値や事実を正確かつ適正に引用すること
　③　比較の方法が公正であること

(1)　①比較広告で主張する内容が客観的に実証されていること

　客観的に実証されているか否かの考慮要素は、不実証広告ガイドラインの内容（**Q19** 参照）と同様であり、実証が必要な事項の範囲、実証の方法および程度、調査機関について配慮する必要がある。

⑵　②実証されている数値や事実を正確かつ適正に引用すること

　実証されている数値や事実の考慮要素も、不実証広告ガイドラインの内容（ **Q19** 参照）と同様である。さらに、「正確かつ適正に引用する」ためには、以下を考慮する必要がある。

　　ア　調査結果の引用の方法

　　　㋐　実証されている事実の範囲内で引用すること

　例えば、根拠となる調査が限定条件下で行われた場合には、当該限定条件下での比較として引用する必要がある。限定条件下での調査結果であるにもかかわらず、限定されない結果かのように引用する場合（例えば、エンジンオイル性能の比較広告において、温暖地での比較実験結果のみを根拠に、自社商品が全地域で優秀だと主張する）には、主張する事実（この例では、全地域における自社製品の優秀性）について実証されていないこととなり、不当表示のおそれがある。

　　　㋑　調査結果の一部引用は、調査の趣旨に沿って引用すること

　例えば、商品の多項目にわたって比較テストをしている調査結果の一部を引用する場合に、自己判断でいくつかの項目を恣意的に取り上げ、その評価を点数化して平均値を求める方法等を用いることにより、当該調査結果の本来の趣旨とは異なる形で引用し、自社商品の優秀性を主張することは、不当表示となるおそれがある。

　　イ　調査方法に関するデータの表示

　調査結果を引用する場合には、一般消費者が調査結果を正確に認識できるようにするため、調査機関、調査時点、調査場所等の調査方法に関するデータを広告中に表示することが適当である。調査方法を適切に説明できる限り、広告スペース等の関係から同一ページでなく遷移したページ等に表示することも可能であるが、調査機関等のデータをあえて表示せず、調査の客観性等について一般消費者に誤認を生じさせる場合は、不当表示となるおそれがある。

　例えば、「調査結果によれば、100人中60人がA商品よりB商品の方がおいしいと言った。」という広告において、調査方法データを表示せずに第三者の調査結果であるかのような表示をしたが実際には自社調査である場

合や、単に「100人中60人」と表示しながら回答者がすべて自社関係者で
あるような場合には、不当表示のおそれがある。なお、遷移先ページに調
査方法データを記載する場合、遷移先ページの記載によっては、調査結果
を表示した当初ページの記載を打ち消すことはできないことにも留意が必
要である（Q20 参照）。

(3)　③比較方法が公正であること

比較方法が公正であれば、通常、一般消費者が誤認することはなく、不
当表示とならない。比較方法が公正であるためには、以下を考慮する必要
がある。

ア　表示事項（比較項目）の選択基準

一般に、比較項目の選択は自由である。しかし、比較した特定の事項が
商品等の全体の機能、効用等にあまり影響がないにもかかわらず、あたか
も商品等の全体の機能、効用等が優良であるかのように強調する場合は、
不当表示となるおそれがある。例えば、瑣末な改良であるにもかかわらず
従来の他社品と比して画期的な新商品であるかのように表示する場合は、
不当表示となるおそれがあるため、瑣末な改良はことさら強調しないよう
に気を付ける必要がある。

イ　比較対象となる商品等の選択基準

一般に、競争関係にあるどの商品等でも比較対象として選択できる。し
かし、社会通念上同等と認識されていないものと比較し、あたかも同等の
ものとの比較であるかのように表示する場合には、不当表示となるおそれ
がある。例えば、自社のデラックスタイプの自動車の内装の豪華さについ
て、特にグレードが異なることに触れずに他社のスタンダードタイプの内
装と比較し、あたかも同グレード同士の比較であるかのように表示するこ
とは、不当表示のおそれがある。また、製造・販売が中止されている過去
の商品等と比較しているにもかかわらず、あたかも現在の商品等との比較
であるかのように表示することも不当表示となるおそれがある。したがっ
て、比較対象の属性等を適切に表示し、一般消費者がどのような比較が行
われているか認識できるようにする必要がある。

　　ウ　短所の表示

　長所を比較した場合等に、付随する短所を表示しないことは特に問題な
い。しかし、表示義務があるまたは通常表示されている事項であって、主
張する長所と不離一体関係にある短所をことさら表示しない、明瞭に表示
しないような場合には、商品全体の機能、効用等について一般消費者に誤
認を与え、不当表示となるおそれがある。例えば、土地の販売価格の比較
広告において、自社の土地には高圧電線が架設されていることが理由で安
価であるという事情があるにもかかわらずこれを記載しない場合は、不当
表示のおそれがある。

③　三要件の他の注意事項

(1)　ひぼう中傷にわたる比較広告

　一般にひぼう中傷とは、商品等の具体的情報提供ではなく、単に競争事
業者またはその商品等を陥れるため、殊更その欠点を指摘するものをい
う。ひぼう中傷を伴う比較広告は、事実に反するものはもとより、事実に
基づくものでも、信用失墜等に当たる等、広告全体の趣旨からみて比較対
象商品等が実際のものより著しく劣っているかのような印象を一般消費者
に与える場合にも不当表示となるおそれがある。さらに、場合によっては
刑法等の他の法律や、倫理上の問題等を惹起することもあるので注意が必
要である。

(2)　No.1 表示

　比較の結果がNo.1表示となる場合には、別途No.1表示の要件も満たす必
要がある（Q22 を参照）。

④　民事係争となるリスクも考慮

　広告表示一般と同様、比較広告においても、商品・役務の原産地、品
質・質、内容等について誤認させるような表示をする行為、またはその表
示をした商品を譲渡等する行為は、誤認惹起行為として、また、競争事業
者の営業上の信用を害する虚偽の事実の告知等は、信用毀損行為として、

不競法の問題ともなる（不競2条1項20号、21号。 Q2 参照）。不競法には差止請求、損害賠償請求の規定があるため（不競3条、4条）、直接民事上の請求を受ける可能性がある。なお、誤認惹起行為には刑事措置の規定もある（不競21条）。

5　本問への回答

　適正な比較広告は適法である。ただし、比較広告はインパクトの大きいこと、日本では例が多くないことから、一般消費者だけでなく行政庁（消費者庁）の注目度が高くなることも考慮し、比較広告ガイドラインをよく確認することが必要である。さらに、比較対象とされた競合品メーカーが対抗措置をとる可能性も高く、このリスクも考慮した上で慎重に行うべきである。

（土生川）

当社はオンラインで化粧品を販売していますが、ブランドとしての知名度が高くないこともあり販売数が伸び悩んでいる状況にあります。今後、以下のような事情を加味した上での広告を作成することを考えていますが、法律上の問題点や留意点があれば教えてください。

⑴　比較対照商品が存在しないNo.1表示

　　当社が販売する美容液は当社独自成分である△△成分を配合しているところ、△△成分配合美容液は当社製品しかない状況にあります。このような状況のもとで、「△△成分配合美容液」という範囲での「売上実績No.1」を打ち出したいです。

⑵　イメージ調査に基づくNo.1表示

　　当社が販売する化粧水は、大手通販サイトで実施されたイメージ調整アンケートにおいて、「効果がありそうな化粧水」部門でNo.1に選ばれました。このようなアンケート結果を踏まえ、化粧水部門「選ばれてNo.1」、「満足度No.1」といった広告を打ち出したいです。

⑶　特定期間におけるランキング結果に基づくNo.1表示

　　当社が販売するクレンジングオイルは、テレビ番組で紹介された直後の2024年X月X日、大手通販サイトで実施されているデイリーランキングにおいて、初めて第1位を取得しました。第1位を取得したのは、その日のみではあるものの、ランキング結果を根拠として、「大手通販サイト　売上No.1」といった広告を打ち出したいです。

A　No.1表示を行うには、客観的な調査に基づき、かつ、当該調査結果が正確かつ適正に引用されていることが必要となる。

⑴　「No.1」という表示は、比較対照商品が存在することを前提に、それらとの比較において最上位にあることを示すも

のである。したがって、比較対照商品が存在しない場合における No.1 表示は、調査結果を正確かつ適正に引用しているとは言い難い。

(2) イメージ調査は対象商品の実利用者に対する調査ではないことから、当該調査結果を根拠に No.1 表示をするのであれば、対象商品の実利用者を対象としたアンケート結果ではないことがわかるような表現（例えば、「効果がありそうな化粧水 No.1」、「効果がありそうなイメージの化粧水 No.1」等）を用いるべきである。なお、化粧品に関して、「潤い実感 No.1」のように効果効能を保証するような表示を行う場合、薬機法にも違反することに留意すべきである。

(3) 調査方法を正確かつ適正に引用するという観点からは、あくまで一時点における売上実績に基づく No.1 表示なのだということが明瞭に認識できる表示にする必要がある。

解説

① No.1 表示とは

No.1 表示とは、事業者が、売上実績、効果・性能、顧客満足度等の各種指標に基づくランク付け情報を利用し、自己が供給する商品・役務（以下「商品等」という）の内容の優良性または販売価格等の取引条件の有利性を一般消費者に訴求するために行われる「No.1」、「第 1 位」、「トップ」、「日本一」等の表示をいう。

このような No.1 表示は、平成 20 年に実施された一般消費者を対象とする調査結果をまとめた報告書において、「同種の商品等の内容や取引条件に関して比較又は差別化に資するための明確な数値指標となるものであることから、一般消費者が商品等を選択するに際して、その選択に要する時間の短縮、商品等の内容や取引条件に係る情報収集コストの削減等の効果

があり、一般的には一般消費者にとっては有益な情報」と位置付けられている（公正取引委員会「**No.1表示に関する実態調査報告書**」(2008年)）。また、この報告書によれば、商品等を購入しようとする際に売上実績に関するNo.1表示を参考にすると回答したものは80.2%に達している。

② 不適切なNo.1表示は不当表示に該当するおそれがあること

景表法においては，事業者が自己の供給する商品等の内容や取引条件について，実際のものまたは競争事業者のものよりも著しく優良または有利であると一般消費者に誤認される表示は、**不当表示**として、同法5条1号（**優良誤認表示**）または2号（**有利誤認表示**）の規定に違反することとなる。

したがって、商品等の内容の優良性または取引条件の有利性を示すNo.1表示が合理的な根拠に基づかず、事実と異なる場合には、実際のものまたは競争事業者のものよりも著しく優良または有利であるとの誤認を一般消費者に生じさせることになるため、不当表示として景表法上問題となるおそれがある。

③ 適切なNo.1表示に求められる要件

No.1表示が不当表示とならないためには、下記要件の両方を満たす必要がある（公正取引委員会「No.1表示に関する実態調査報告書」7頁参照）。

---

① No.1表示の内容が客観的な調査に基づいていること
② 調査結果を正確かつ適正に引用していること

---

(1) 客観的な調査

客観的な調査といえるためには、ⅰ当該調査が関連する学術界または産業界において一般的に認められた方法または関連分野の専門家多数が認める方法によって実施されていること、または、ⅱ社会通念上および経験則上妥当と認められる方法で実施されていることが肝要である。

そして、社会通念上および経験則上妥当と認められる方法が具体的にど

のようなものであるかについては、表示の内容、商品等の特性、関連分野の専門家が妥当と判断するか否かなどを総合的に勘案して判断することとなる。例えば、以下の場合には、客観的な調査とはいえず、景表法上問題となるおそれがある。

・調査対象者が自社の社員や関係者である場合または調査対象者を自社に有利になるように選定する等、無作為に抽出されていない場合
・調査対象者数が、統計的に客観性が十分確保されるほど多くない場合
・自社に有利な結果が得られるような調査項目を設定する等、調査方法の公平性を欠く場合

---

(2)　調査結果の正確かつ適正な引用

No.1表示に接した一般消費者に対して調査結果を超える誤認を生じさせないためには、調査が実施された商品等の範囲、地理的範囲、調査期間・時点等の事項についても、事実に基づいて記載することが肝要である。

これらについて事実と異なる表示をし、あるいは、明瞭に表示しない場合には、景表法上問題となるおそれがある。

4　貴社が実施したい広告戦略について

(1)　「△△成分配合美容液売上実績No.1」について

「No.1」は比較対照商品が存在することを前提に、それらとの比較において最上位にあることを示す表現である。したがって、比較対照商品が存在しない場合における上記のようなNo.1表示は、調査結果を正確かつ適正に引用しているとは言い難く、景表法上問題となるおそれがある。

(2)　化粧水部門「選ばれてNo.1」・「満足度No.1」表示について

調査方法自体に客観性が認められるとしても、上記表示は、一般消費者に対し、あたかも、大手通販サイトが実施した貴社製品を含む化粧品の実

利用者に対する満足度調査の結果において、貴社が販売する化粧水に対する満足度の順位が1位であるかのような認識を与えることになる。

このような認識は、大手通販サイトが実施した調査がいわゆるイメージ調査であって、貴社製品を含む化粧品の実利用者に対する調査ではないという実際に反するものであり、調査結果が正確かつ適正に引用されているとは言い難い。したがって、今回の調査結果に基づいて「選ばれてNo.1」、「満足度No.1」という表示をすることは景表法上問題となるおそれがある。

イメージ調査に基づく表示ということであれば、対象製品の実利用者を対象としたアンケート結果ではないことがわかる表現を採用すべきである（例えば、「効果がありそうな化粧水No.1」、「試してみたい化粧水No.1」など）。

なお、近時、イメージ調査に基づくNo.1表示を打ち出すに際し、満足度No.1表示をする一方で、直下にイメージ調査である旨が記載された広告について、措置命令が発出されている。イメージ調査の活用には十分留意する必要があろう。また、化粧品に関して、「満足度No.1化粧品」など効能効果の最大級表示は、薬機法上認められないので、化粧品や医薬部外品等に関してNo.1表示を活用する場合には、No.1表示の内容についても留意する必要がある（医薬品等適正広告基準第4の3(7)「効能効果等又は安全性についての最大級の表現又はこれに類する表現の禁止」）。

(3)　「大手通販サイト　売上No.1」表示について

ごく限られた期間における調査結果に基づく売上No.1表示であったとしても、当該表示に接する一般消費者において、限定的な期間における売上実績No.1なのだということが明瞭に認識できる表示になっているのであれば、許容されうる余地はあると考える。

例えば、「大手通販サイトデイリーランキング売上No.1（○年○月○日付）」というように、ランキングの内容とともに、No.1を取得した期間をも合わせて認識しうるような表示が考えられる。

ところで、昨今「No.1を取得させる」という「結論先にありき」で、調査対象者や質問票を恣意的に設定する非公正な調査を行う事業者やあっせ

ん業者が多く存在することが問題視されている（一般社団法人 日本マーケ
ティング・リサーチ協会「非公正な『No.1 調査』への抗議状」）。言わずもが
なであるが、そのような調査は方法として客観性を欠くものであり、その
ような調査に基づくNo.1表示は不適切であって、景表法上問題となるおそ
れがある。

（川﨑）

Q23 おとり広告に注意

当社は、人気商品を大特価で店頭販売するキャンペーンを計画しており、インターネットを通じてこのキャンペーンを告知する企画をしていますが、当社の今後の入荷状況によっては、キャンペーン期間中、対象商品がすべての店舗に行き渡らない可能性があります。この場合、どのような問題がありますか。また、どのような点に注意をしたらよいでしょうか。

A 表示された商品がすべての店舗に行き渡らない場合には、「おとり広告」として措置命令の対象となる場合がある。こうしたキャンペーンを実施するにあたっては、事前に正確な需要予測を行い、適切な調達・輸送体制を執る、店舗によって販売の可否が異なる場合は販売できない店舗を表示する、キャンペーン実施期間中の販売実績の把握と社内での情報共有を万全に行う、店舗の在庫が切れた場合には速やかにその旨を表示するなどの対応が重要となる。

┃解┃説┃

1 おとり広告とは

おとり広告とは、広告、チラシ等により、ある商品・役務の購入ができるかのような表示を行っているが、実際には表示のとおり購入できないものであり、一般消費者が購入できると誤認するおそれがある表示をいう。すなわち、商品・役務の入手可能性に関する**不当表示**である。例えば、大特価で販売する目玉商品のインターネット広告を行って消費者を店頭に集客したのに、実際にはその目玉商品の仕入れがされていない場合や、仕入れ自体はしているものの、販売員が目玉商品の性能上の欠点を強調して、

別の商品の購入を強力に勧める場合がこれに該当する。最近の事例では、大手回転寿司フランチャイズチェーンがキャンペーンで提供すると表示した料理について、キャンペーン中に欠品が生じる可能性が高いこと等により、平日に販売を行わない等の対応を行い、おとり広告として社会の注目を集めた例がある（2022・6・9消費者庁措置命令）。また、物品、役務、デジタルコンテンツ等のオンライン販売においても、表示のとおり購入できない販売を行った場合は、同様におとり広告の問題となる。

② 「おとり広告に関する表示」

(1) 告示による指定

景表法が規制する不当表示には、①優良誤認表示（景表5条1号）、②有利誤認表示（景表5条2号）があるが、おとり広告は、基本的に上記①②のいずれにも該当しない。景表法は、このような、優良誤認表示や有利誤認表示では捉えられない不当な表示について、内閣総理大臣が不当表示として指定することができることとしている（景表5条3号）。なお、おとり広告であると同時に、優良・有利誤認表示を行う場合には、当然優良・有利誤認表示にも該当する。

おとり広告の具体的内容は、**おとり広告告示運用基準**に定められており、以下の4つの類型がある。

類型	おとり広告 告示の規定	具体的な内容
取引不可型	1号	数量不足や品揃え不足により対象商品を販売できない場合
供給量限定型	2号	供給量が著しく限定されているにもかかわらず、限定内容を明瞭に示していない場合
取引条件限定型	3号	一人あたりの供給量等、取引条件に制限がある場合
取引拒否型	4号	広告商品等の取引を事実上拒否するなど、取引をする意思がない場合

(2) 取引に応じられない場合（おとり広告告示1号、取引不可型）

　第1の類型は、「取引の申出に係る商品又は役務について、取引を行うための準備がなされていない場合その他実際には取引に応じることができない場合」である。なお、通常店頭販売されている商品について、広告商品が店頭に陳列されていない場合や、引渡しに期間を要する商品について、広告商品についてはその店舗における通常の引渡期間よりも長期を要する場合も、上記「取引を行うための準備がなされていない場合」に該当するとされる（おとり広告告示運用基準第2、1-(1)）。また、店舗が複数ある場合に、それら複数の店舗で販売する旨を広告している場合で、店舗の一部に広告商品を取り扱わない店舗がある場合も、同様に「取引を行うための準備がなされていない場合」となる。本問の設例においても、これらの事情があれば、おとり広告となる。

　ただし、これらのような事態が発生してしまった場合でも、事業者の責任によるものではなく、かつ、希望する顧客に広告等で申し出た取引条件で取引する旨を告知し、希望する顧客に遅滞なく取引に応じている場合には、不当表示には当たらないものとして取り扱われる（おとり広告告示運用基準第2の1-(1)）。

(3) 供給量が著しく限定されている場合（おとり広告告示2号、供給量限定型）

　第2の類型は、「取引の申出に係る商品又は役務の供給量が著しく限定されているにもかかわらず、その限定の内容が明瞭に記載されていない場合」である。供給量が著しく限定されていれば一般消費者が購入できる可能性は低くなるが、どのような限定があるのかを示していなければ、確実に購入できるだろうという誤認を与えるおそれがあるためである。

　この場合に、供給量が「著しく制限されている」とは、広告された商品の販売可能数量が予想購買数量の半数にも満たない場合をいうとされている（おとり広告告示運用基準第2、2-(1)）。予想購買数量は、過去の類似商品についての同様の広告を行った際の数量、商品等の内容、取引条件等を勘案して合理的に算定された数量であればよい。また、単に「売り切れご

容赦」等を示した表示は、「明瞭に記載されていない」表示と考えられている（おとり広告告示運用基準第2、2-(2)）。

　なお、上記とは逆の場合として、供給量が限定されることにより（例えば「限定モデル」等）、商品が著しく優良であること、または商品の購入が著しく有利であることを強調する表示をした場合で、実際には限定された供給量を超えて供給する場合は、優良誤認表示または有利誤認表示として不当表示となるおそれがある（おとり広告告示運用基準第2、2-(1)注）。

(4)　一人あたりの供給量等、取引条件に制限がある場合（おとり広告告示3号、取引条件限定型）

　第3の類型は、「取引の申出に係る商品又は役務の供給期間、供給の相手方又は顧客一人当たりの供給量が限定されているにもかかわらず、その限定の内容が明瞭に記載されていない場合」である。この場合も、限定されている一人当たりの供給量、供給期間、供給の相手方は明確に記載されていなければならない（おとり広告告示運用基準第2、3）。

(5)　取引をする意思がない場合（告示4号、取引拒否型）

　第4の類型は、「取引の申出に係る商品又は役務について、合理的理由がないのに取引の成立を妨げる行為が行われる場合その他実際には取引する意思がない場合」である。もっとも、一般的には売るつもりがないことを客観的に把握することは困難であるため、広告商品を顧客に見せない、広告商品等に関する難点をことさら指摘する、他の商品等の購入を推奨し、顧客が推奨された他の商品等を購入する意思がないと表明したにもかかわらず重ねて推奨する等の「取引の成立を妨げる行為」を捉えて、おとり広告となる行為を規制するものである。「実際には取引する意思がない場合」が取り上げられた事例としては、1記載の大手回転寿司フランチャイズチェーンの件がある。この件では、キャンペーン期間中にキャンペーン対象商品の在庫切れが発生することを懸念し、キャンペーン期間中であるにもかかわらず、対象商品を供給しなかったものである。

③ おとり広告防止の管理体制

　まず、期間限定キャンペーンを実施する場合は、最後まで当該キャンペーンをやり切ることが重要である。在庫切れと同時に終了するキャンペーンの場合には、キャンペーンが終了した旨の明示が必要となる。反対に、キャンペーン期間後も在庫が余った場合には売り続けるという場合は、その旨を明瞭に記載することが必要である（ただし、本来この場合、期間限定表示をすべきではない。）。

　次に、供給量が限定されている商品等のキャンペーンを実施する場合は、１日あたりの供給量や供給対象など条件を明示（店舗によって異なる場合は店舗ごとに明示）した上で、供給量を下回らない調達を行う必要がある。なお、数量を限定する表示を行った場合は、原則として在庫切れをした後の追加販売は避けるべきである。

　さらに、供給量を明示せず期間限定キャンペーンを実施する場合には、店舗ごとに事前に正確な需要予測に基づく調達を行うことが必要となる。そして、キャンペーン実施中も、需要予測と実績を照合し、在庫の残数が確認できる体制を維持して本部と各店舗とが情報共有して、在庫の管理をすることが必要である。

（安井）

通信販売における特商法の広告・表示規制

販売業者や役務提供事業者（サブスクリプションサービスを提供する事業者を含む）は、通販サイトに一定の事項を表示しなければならないと聞きました。通販サイトのどの場所に、どのような事項を表示すればよいのでしょうか。また、自社ECサイトを利用する場合と、他社のプラットフォームを利用する場合とで違いはあるのでしょうか。

A 自社ECサイトを利用する場合、他社のプラットフォームを利用する場合を問わず、通信販売をする場合、販売業者や役務提供事業者は、特商法11条各号に定める事項を通信販売の広告に、12条の6第1項各号に定める事項を申込み前の最終確認画面に、それぞれ表示する必要がある。

解 説

1 通信販売の広告での表示について

(1) 通信販売の広告とは

通信販売の広告について、特商法上の定義は存在しない。しかし、広告は契約の締結に向けて誘引するために広く一般の消費者を対象として行われる表示であることから、商品の説明や販売条件を示した画面は、基本的にすべて通信販売の広告に該当するといえる。

なお、消費者庁の解説には、電子メール広告やバナー広告から商品の紹介サイト等に遷移させるケースにおいてさえ、当該メール等の本文とリンク先のページを一体として広告と評価できることを示唆する記載がある（消費者庁逐条解説3節11条の解説）。したがって、通販サイトにおいて消費者が申込みまでに複数の広告画面を遷移する仕様となっている場合には、

当該複数の広告画面は一体として１つの広告に当たると考えられる。

(2)　通信販売の広告での表示事項

特商法11条は、以下の事項を通信販売の広告に表示しなければならないと規定している。

①	(i)商品の販売価格（役務の対価）、(ii)送料 ※(ii)は商品の販売価格に含まれない場合に限る
②	商品の代金（役務の対価）の(i)支払時期、(ii)支払方法
③	商品の引渡時期（役務の提供時期）
④	申込みの期間の定めがある旨およびその内容 ※期間の定めがある場合に限る
⑤	契約の申込みの撤回または解除に関する事項
⑥	販売業者（役務提供事業者）の(i)氏名または名称、(ii)住所、(iii)電話番号
⑦	代表者または通信販売業務の責任者の氏名 ※法人が電子情報処理組織（インターネット等）を使用し広告する場合に限る
⑧	日本国内の事務所等の(i)所在地、(ii)電話番号 ※外国法人または外国に住所を有する個人の場合に限る
⑨	①以外に消費者が負担すべき金銭の内容および額 ※当該金銭がある場合に限る
⑩	商品が契約内容に適合しない（不良品の）場合における事業者の責任の内容 ※事業者の責任を規約等で定めている場合に限る
⑪	ソフトウェアの動作環境 ※ソフトウェアの販売等の場合に限る
⑫	２回以上継続して契約を締結する必要があるときは、(i)その旨、(ii)金額、(iii)契約期間、(iv)その他の販売条件（役務提供条件） ※いわゆる定期購入の場合に限る
⑬	商品の販売数量その他の販売条件（役務提供条件）の内容 ※条件がある場合に限る
⑭	請求によりカタログ等を別途送付する場合の金額 ※有料とする場合に限る
⑮	電子メールのメールアドレス ※電子メールで広告をする場合に限る

※⑥〜⑮は、特商法11条６号に基づき特商法施行規則23条各号で規定

①については、消費税込の金額を表示する必要がある。送料も金額で表示する必要があるが（特商施規24条１号）、最高額と最低額の表示でも足りる。

②について、支払方法から支払時期が理解できるもの（例えば、代金引換、クレジットカード払い等）であれば、支払方法の表示のみでも許容されると考えられる。

③については、期間または期限で示す必要がある（特商施規24条２号）。ただし、契約申込み直後に引渡し（提供）がなされる場合には、「直ちに」、「即時」といった表示も許容される。

④は、申込み自体が不可能となる期限を定めている場合が該当し、個数限定や期間限定のセール、キャンペーン等は含まれない。

⑤については、契約の申込みの撤回または解除をする場合の、条件、方法、効果等を表示する必要があり、解除に伴う違約金その他の不利益についても表示が必要となる。また、消費者にとって容易に認識することができるよう表示する必要がある（特商施規24条３号）。なお、不良品の場合以外は撤回や解除を認めない場合には、その旨の表示が必要となる。

⑥の(i)「氏名または名称」について、法人の場合は登記簿上の名称を表示することを要し、通称や屋号、サイト名は認められない。(ii)「住所」については、現に活動している住所（法人にあっては、通常は登記簿上の住所）を正確に表示する必要がある。(iii)「電話番号」については、確実に連絡が取れる番号を表示することを要する。

なお、個人事業者が他社のプラットフォーム上で通信販売をする場合、当該プラットフォーム事業者の住所および電話番号を代わりに表示することも、以下の条件を満たす場合には認められる。

・当該プラットフォーム事業者が消費者からの連絡先としての機能を果たすことについて合意がなされていること
・消費者がその電話番号に架電することで確実に当該プラットフォーム事業者に連絡を取ることができること
・当該プラットフォーム事業者が表示主体である個人事業者の現住所お

および電話番号を把握しており連絡が取れる状態となっていること

⑫は、定期購入についての規定だが、同内容または異なる内容で契約が自動更新される場合等が対象となる。その上で、以下の点に留意が必要である。

(ii) 「金額」について、有期の契約の場合には総額の表示まで必要

(iii) 「契約期間」について、消費者から解約通知がない限り契約が継続する無期限の契約である場合には、その旨の表示が必要

(iv) 「その他の販売条件」には、各回の商品の引渡時期や代金の支払時期等が含まれる

なお、1回の契約で複数回の商品の引渡し等を定める場合にも、①から③の事項等として、⑫の事項と同様の表示が必要となる。

上記①から⑮の事項は並列で規定されてはいるものの、①⑤⑫のように契約の本質や効力に関わり消費者利益に及ぼす影響が大きなものや、⑥のように消費者等の事業者へのアクセスに重要な情報については、特に正確な表示が求められると考えられる。

(3) ハイパーリンク等の利用

特商法11条は、「広告に……表示しなければならない。」と規定していることから、同条に基づく表示は、原則として広告画面自体に行う必要がある。ただし一定の条件のもと、広告画面に掲載したハイパーリンク等により遷移する画面に表示することも許容される。

例えば、消費者庁の返品特約ガイドラインでは、⑤の事項として申込みの撤回等についての特約を表示する場合、広告画面に掲載されたハイパーリンク等から遷移する別ページに詳細を表示するという方法自体は認められている。

また、⑥から⑧の事項について、広告画面の冒頭部分から容易に到達が可能となる場合、例えば、広告画面上に「特定商取引法に基づく表記」、「会社概要」といった⑥や⑧の事項が表示されていることがわかる記載を

付した上で、ハイパーリンク等を掲載するという方法も認められる（消費者庁逐条解説第3節11条の解説）。

　このことからすれば、⑤から⑧以外の表示事項についても、リンク先等に何が表示されているか容易に判断できる記載が広告画面になされ、かつ、当該記載およびハイパーリンク等が、消費者が通常確認するといえる場所に容易に識別できる形で存在するのであれば、リンク先等の画面に表示することは許容されるものと考えられる。なお、リンク先等の画面における表示についても、多数の条項等が記載されている場合やスクロールをしなければ当該表示事項に到達できない場合等には、少なくとも、項目立てして他の事項から独立させる、色を変える等して、消費者が容易に認識することができるよう表示する必要があると考えられる。このようにしなければ、リンク先等の画面での表示が広告画面での表示であると一体的に評価することが難しいためである。

(4)　違反のペナルティ等

　広告での表示義務違反に対しては、行政指導のみならず行政処分も規定されている（特商14条、15条、15条の2）。

②　最終確認画面での表示について

(1)　最終確認画面とは

　令和4年6月1日に施行された改正特商法により、販売業者および役務提供事業者には、「特定申込みに係る……手続が表示される映像面」に法定事項を表示する義務が課された。「特定申込みに係る……手続が表示される映像面」とは、いわゆる最終確認画面のことであり、原則として、申込みボタン等をクリックすることにより契約の申込みが完了することとなる画面のことをいう（**最終確認画面ガイド**2頁）。「申込み内容ご確認」などと題した画面が必ずこれに当たるものではなく、あくまで消費者が申込みにあたり最後にボタンを押下する画面が最終確認画面となる点に注意が必要である。なお、広告から注文内容の確認等までがスクロールできる一連の画面の場合には、最終的な注文内容の確認に該当する表示部分が最終

確認画面に当たるとされている（最終確認画面ガイド2頁注釈1）。

⑵　最終確認画面での表示事項

　特商法12条の6第1項は、a）商品または役務の分量、およびb）通信販売の広告での表示事項のうちの①から⑤の事項（前記1⑵参照）を最終確認画面に表示しなければならないと規定している。

　ただし、②から⑤の事項に限っては、最終確認画面において消費者が明確に認識できるようなリンク表示や参照方法に係る表示をし、かつ、当該リンク先や参照ページにおいて明確に表示すること、もしくはクリックにより表示される別ウィンドウ等に詳細を表示することは差し支えないとされている（最終確認画面ガイド6頁から8頁）。表示事項と表示場所を整理すると以下のとおりとなる。

		最終確認画面での表示事項	リンク先等での表示の可否
a）		商品または役務の分量	×
b）	①	(i)商品の販売価格（役務の対価）、(ii)送料 ※(ii)は商品の販売価格に含まれない場合に限る	×
	②	商品の代金（役務の対価）の(i)支払時期、(ii)支払方法	○
	③	商品の引渡時期（役務の提供時期）	○
	④	申込みの期間の定めがある旨およびその内容 ※期間の定めがある場合に限る	○
	⑤	契約の申込みの撤回または解除に関する事項	○（※）

※消費者が想定しない限定がなされる場合（電話した上でさらにメッセージアプリ等を操作する必要がある、追加の個人情報を提出しなければならない等）や、解約受付を特定の時間帯に限定している、消費者が申込みをした際の手段に照らして容易な手続で解約等ができない場合には、最終確認画面自体に表示する必要がある（最終確認画面ガイド7頁）。

　「商品または役務の分量」は、販売する商品等の態様に応じてその数量、回数、期間等を消費者が認識しやすい形式で表示する必要がある。また、定期購入においては、各回に引き渡す商品の数量等のほか、引渡しの回数も表示する必要があり、初回と2回目以降の商品の内容量が異なる場合には、各回の分量が明確に把握できるように表示しなければならない。

加えて、いわゆるサブスクリプションのケースについては、役務の提供期間や、期間内に利用可能な回数が定められている場合には、その内容を表示しなければならない。さらに、消費者が解約を申し出るまで継続する無期限の契約・サブスクリプションの場合には、その旨を明確に表示する必要があり、自動更新のある契約の場合には、その旨も表示する必要がある（最終確認画面ガイド4頁および5頁）。

　①～⑤の事項については、通信販売の広告での表示事項でもあり、表示すべき内容は基本的に前記①(2)で説明した内容と同様である。しかし、最終確認画面では、消費者の入力内容に応じて表示内容を出力することが可能であることから、①については、複数の商品を購入する場合には、個々の商品の販売価格に加えて支払総額も併せて表示するとともに、送料は実際に消費者が支払うこととなる金額を表示する必要がある（最終確認画面ガイド5頁）。また、定期購入の場合には、①から③の事項については、各回の内容がわかる表示をしなければならない（最終確認画面ガイド5頁および6頁）。

(3)　違反のペナルティ等

　最終確認画面での表示義務違反に対しては、行政指導のみならず行政処分も規定されている（特商14条、15条、15条の2）。

　また、最終確認画面での表示事項を表示しなかった場合、不実の表示をした場合および消費者を誤認させる表示をした場合は、刑事罰の対象となる（特商70条2号、72条1項4号、74条1項2号、3号）。

　さらに、最終確認画面での表示の不備により消費者が誤認し申込みの意思表示をした場合には、消費者は、当該意思表示を取り消すことができる（特商15条の4）。

（宮内）

Q25 通信販売とキャンセル対応

当社は、通販サイトで販売した商品については、不良品である場合を除きキャンセル・返品に応じないこととしており、利用規約にもそのことを記載しています。この度ユーザーから、通販サイトで購入した商品をキャンセル・返品したいとのご要望をいただいたのですが、法律上応じる義務はあるのでしょうか。商品は不良品ではありません。また、今後義務を負わないようにするために取るべき方策はあるでしょうか。

A インターネットの通信販売の広告および申込み前の最終確認画面（Q24参照）に法律上求められる表示がなされていなければ、利用規約にキャンセル・返品を認めない旨の規定がある場合でも、消費者が商品の引渡しを受けた日から起算して8日を経過するまでの間は、当該消費者からのキャンセル・返品の求めに応じなければならない。

解説

① 通信販売での消費者のキャンセル・返品権の拡充（民法の規定の例外）

民法に規定された原則に従えば、商品が不良品である場合等、事業者に**債務不履行**（契約不適合責任を含む）がある場合以外は、消費者からのキャンセル・返品の求めに応じるか否かは、原則として事業者の裁量に委ねられる。

しかし、通信販売においては、消費者は、配送まで実際の商品を確認できないことに加え、特にインターネット通販の場合には、端末等の操作に誤りが生じやすいといった問題もある。

　そこで、特商法は、消費者保護の観点から、消費者が通信販売で商品の売買契約を締結する場合において、当該商品の引渡しを受けた日から起算して8日を経過するまでの間、当該売買契約の申込みの撤回または当該売買契約の解除をすることができる権利（以下「**法定返品権**」という）を規定している（特商15条の3第1項本文）。

② 特約による法定返品権の排除（例外の修正）

　ただし、いかなる場合においても消費者に法定返品権が認められるとすれば、事業活動への支障が著しい。そこで、事業活動の安定性も考慮し、事業者が法定返品権を認めない旨の特約を定め、当該特約を通信販売の広告およびインターネット通販における申込み前の最終確認画面に表示している場合には、法定返品権を排除することができるとした（特商15条の3第1項ただし書）。この法定返品権を認めない旨の特約は、不良品以外の場合は一切キャンセル・返品を認めないという内容のものだけでなく、不良品以外の場合においては事業者が定める**特定の条件を満たす場合にのみ**キャンセル・返品を認めるという、法定返品権を一部制限する内容のものも含まれる。なお、新聞、チラシ、テレビ等で広告し郵便や電話で申込みを受ける形の通信販売では、申込み前の最終確認画面は存在しないため、法定返品権を認めない旨の表示は広告上のみで足りる。

　また、特商法15条の3第1項の条文の文言からして、役務を提供する契約の場合には、法定返品権はそもそも認められないものと考えられる。

③ 法定返品権を認めない旨の特約の表示方法

　法定返品権を認めない旨の特約の表示は、通信販売の広告および最終確認画面のどこかに表示しておけば足りるというものではなく、「顧客にとって容易に認識することができるよう表示」しておく必要がある（特商施規24条3号、44条）。

　この点、消費者庁の**返品特約ガイドライン**では、極めて小さな文字で表示する等の不明瞭な表示、他の事項に隠れて埋没してしまうように表示する方法等は、「顧客にとって容易に認識することができるよう表示」をし

ていないおそれがあるとしている（返品特約ガイドライン6頁）。

　また、返品特約ガイドラインによれば、法定返品権を認めない旨の特約の詳細を別のページに表示し、通信販売の広告および最終確認画面には、当該別ページに表示していることがわかる文言（以下「誘導文言」という）とともにハイパーリンクやタブ（以下「リンク等」という）を掲載するという方法も許容されるが、誘導文言やリンク等が、

・膨大な画面をスクロールしなければ着けないような箇所に存在する場合
・他の説明に埋没している場合
・目につきにくいページの隅のような箇所に存在する場合
・極めて小さな文字で表示されている場合

のほか、

・リンク等を押下しても何度もページを遷移しなければ当該特約が記載されたページに至らない場合

等も、「顧客にとって容易に認識することができるよう表示」をしていないおそれのある表示方法になるとされている（返品特約ガイドライン7頁、8頁および10頁）。

　さらに、特約が記載された別ページにおいても、

・当該特約が他の事項に埋没している場合
・当該特約の表示が極めて小さい場合

等には、「顧客にとって容易に認識することができるよう表示」をしていないおそれがあるとされている（返品特約ガイドライン8頁および10頁）。

　事業者としては、少なくとも、返品特約ガイドラインに挙げられた前掲の悪い例には該当しないような表示を行うよう留意する必要があるが、悪い例に当たらないようにしつつ、事業者の表示の負担も考慮すれば、例えば、以下のように表示することが考えられる。

【不良品の場合以外は一切キャンセル・返品を認めない場合】

　この場合、記載すべき特約の文字数が少なく、記載スペースの問題は生じにくいことから、通信販売の広告および最終確認画面自体に、「不良品以外の場合はキャンセル・返品には応じられません。」等の文言を、他の文字と同等以上の大きさで色を変えて、次の画面に進むボタンよりも上部に表示する。

【不良品以外の場合にも、特定の条件を満たす場合にはキャンセル・返品を認めることとする場合】

　特約の文字数が相当程度の分量になると予想されることから、通信販売の広告および最終確認画面には、「キャンセル・返品の条件はこちらをご覧ください。」等の文言のハイパーリンクを、他の文字と同等以上の大きさで色を変えて、次の画面に進むボタンよりも上部に掲載する。そして、当該ハイパーリンクから遷移できるページを別途設け、当該ページに、「キャンセル・返品条件」等の項目名を記載しつつ、他の項目から独立させてキャンセル・返品に関する条件を記載する。ただし何回もスクロールする必要があるような長大なページ内に記載してはいけない。

④　法定返品権の効果

　通信販売においては、いわゆる**クーリング・オフ**の権利は規定されていない。法定返品権はクーリング・オフとは別の制度であり、クーリング・オフが消費者保護に重点を置いているのに対し、法定返品権は消費者保護と事業活動とのバランスを重視している。そのためクーリング・オフとは効果に相違がある点に注意が必要である。法定返品権が行使された場合、消費者は商品を現状のまま事業者に返品することとなり、事業者は受け取った代金を消費者に返還することとなるが、この点は、クーリング・オフと同様である。他方、商品を返品する際に生じる費用は消費者が負担することとされており（特商15条の3第2項）、この点は、クーリング・オフとは異なる。

（宮内）

26 二重価格表示を含む価格表示の留意点

当社は、ある商品をインターネットで販売するにあたり、新発売キャンペーンとして値引き価格で販売しようと考えています。この場合に、「販売記念 通常価格より○%お得！」という表示を行うことはできますか。

A 販売価格とともに、同一商品についての将来の販売（予定）価格を併記する二重価格表示や、当該価格からの割引率等を表示する価格表示を行う場合には、当該将来の価格で販売することが確実であることが必要である。そのためには、事業者において、具体的な販売計画等を有している必要がある。キャンペーン期間後に当該販売価格等で販売できなかった場合には、そのことにつき特段の事情（天災の発生等）がなければ、不当表示となる。

解説

1 価格表示ガイドラインとその概要

商品・役務の価格の表示については、公正取引委員会より価格表示ガイドラインが公表されている。インターネット通販の大幅な増加、情報化社会の進展を背景に、価格表示の方法はますます多様化しており、従来のチラシ等による広告のみならず、デジタル広告の分野においても、価格表示については、事業者として十分な注意が必要である。

価格表示ガイドラインでは、以下の項目について解説がされている。

【図表：価格表示ガイドラインの構成】

項目	タイトル	内容
第1	本考え方の構成及び適用範囲	価格表示ガイドラインの構成、価格表示ガイドラインが対象とする価格表示、表示媒体、おとり広告との関係の整理
第2	不当な価格表示に関する景品表示法上の考え方	不当表示として問題となる価格表示（総論）
第3	販売価格に関する表示について	販売価格を単体で示す場合の考え方、販売価格に関する基本的な考え方
第4	二重価格表示について	販売価格に比較対照価格を併記して表示する場合の考え方
第5	割引率又は割引額の表示について	販売価格を、比較対照価格からの割引率、割引額によって示す場合の考え方
第6	販売価格の安さを強調するその他の表示について	販売価格の安さを強調する表示、競争事業者より安くする等の表示についての考え方

　上記の項目中、特に**二重価格表示**についての説明（第4）は、価格表示ガイドライン全体のかなりの部分を占めており、実務上も重要である。二重価格表示とは、事業者が自己の販売価格に当該販売価格よりも高い他の価格（**比較対照価格**）を併記して示す表示をいう。

　本問は、「販売記念 通常価格より○％お得！」という表示であり、販売価格と比較対照価格を併記した表示ではないが、これらの価格の差を割引率または割引額で表示したものであり、二重価格表示と類似した表示であることから、基本的には二重価格表示と同じ考え方が妥当する（価格表示ガイドライン第5「1」(1)）。

② 基本的な考え方

　価格表示ガイドラインは、価格表示に関する基本的な考え方として、「販売価格に関する表示を行う場合には、(1)販売価格、(2)当該価格が適用される商品の範囲（関連する商品、役務が一体的に提供されているか否か等）、(3)当該価格が適用される顧客の条件について正確に表示する必要があ」ることを示し、さらに、「これらの事項について実際と異なる表示を行ったり、あいまいな表示を行う場合には、一般消費者に販売価格が安い

との誤認を与え、不当表示に該当するおそれがある。」としている（価格表示ガイドライン第3「1」）。価格の表示方法には様々なものがあるが、この考え方は、販売価格を単体で表示する場合のほか、二重価格表示や割引率の表示等を行う場合においても共通して妥当するものである。

③　比較対照価格の適正

　次に、二重価格表示で用いられる比較対照価格は、原則として、販売される商品と同一の商品（銘柄、品質、規格等からみて同一とみられる商品）の価格でなければならない。そうでなければ、二重価格表示で示された価格差のみをもって販売価格の安さを評価することが難しく、一般消費者に誤認を与えるおそれがあるからである（価格表示ガイドライン第4「1」⑴）。また、比較対照価格に用いる価格について実際と異なる表示やあいまいな表示を行うことはできない。虚偽の価格や、事業者が「適当に作り出した」あいまいな価格を用いて二重価格表示を行えば、一般消費者に販売価格が安いとの誤認を与えることになるからである。したがって、比較対照価格は、事実に基づいて表示する必要がある。

　価格表示ガイドラインは、比較対照価格として用いられる価格として、①過去の販売価格、②将来の販売価格、③希望小売価格、④競争事業者の販売価格、および⑤他の顧客向けの販売価格についてそれぞれの考え方を規定している。

④　「通常価格」とはどのような価格か

　「通常価格2,980円、今月末まで30％引き」という表示は、通常、一般消費者に「この商品の最近の値段は2,980円で、セール期間中は30％引きでお買い得だ」との認識を与える表示である。単に「通常価格」とだけ表示した場合は、過去の価格、すなわち、「最近の販売価格」だと一般消費者は認識すると考えられる（同様の判断を示したものとして消費者庁2018・10・18措置命令）。「最近の販売価格」とは、価格表示ガイドライン上、「最近相当期間にわたって販売されていた価格」と呼ばれており、「最近」「相当期間にわたって」の考え方につき、具体的な考え方が示されている。ま

た、同一の商品について「最近相当期間にわたって販売されていた価格」とはいえない価格を比較対照価格に用いるときは、当該価格がいつの時点でどの程度の期間販売されていた価格であるか等その内容を正確に表示しない限り、一般消費者に販売価格が安いとの誤認を与え、不当表示に該当するおそれがあるとしている。

5 将来の販売価格を比較対照価格とする場合

(1) 価格表示ガイドラインの規定

本問では、「販売記念 通常価格より○％お得！」と表示し、過去ではなく、将来の「通常価格」を比較対照価格として用いている。

この点、価格表示ガイドラインの「将来の販売価格を比較対照価格とする二重価格表示」の項目（価格表示ガイドライン第4「2」(1)イ）では、「表示された将来の販売価格が十分な根拠のあるものでないとき……には、一般消費者に販売価格が安いとの誤認を与え、不当表示に該当するおそれがある」と規定し、上記の「十分な根拠」がないという場合の例として、①実際に販売することのない価格であるとき、②ごく短期間のみ当該価格で販売するにすぎないときが挙げられている。反対に、将来の価格として表示された価格で販売することが確かな場合（需給状況等が変化しても表示価格で販売することとしている場合など）以外では、将来の販売価格を比較対照価格とすることは適切ではなく、将来の価格として表示された価格で販売することが確かな場合であれば、必ずしも不当表示に該当するものではないとしている。

すなわち、将来の「通常価格」を比較対照価格として表示する場合、確実な計画を持ち、根拠がある必要がある。

(2) 将来の販売価格を比較対照価格とする二重価格表示に対する執行方針

さらに、消費者庁は2020年12月、「将来の販売価格を比較対照価格とする二重価格表示に対する執行方針」を公表し、価格表示ガイドラインを補完するものとして、将来の販売価格を比較対照価格とする二重価格表示に

ついて消費者庁が景表法を適用する際の考慮事項を明らかにしている。

　この中で、消費者庁は、執行方針として、将来の販売価格で販売できない特段の事情が存在しないにもかかわらず、当該将来の販売価格で販売していない場合には、通常、合理的かつ確実に実施される販売計画を有していなかったことが推認され、景表法に違反する有利誤認表示であるものとして取り扱うとしている。このような推認を覆すためには、事業者が合理的かつ確実に実施される販売計画を有していたことを示す資料やデータを有している必要がある。仮に、表示した将来の販売価格で販売できなかった場合、地震、台風、水害等の天変地異、感染症の流行等によって、当該事業者の店舗が損壊したり、流通網が寸断されたりするなどにより、比較対照価格とされた将来の販売価格で販売できなくなった場合等、将来の販売価格で販売できない特段の事情が存在することが必要である。

(3)　本問の検討

　貴社は、「販売記念　通常価格より○％お得！」として、販売価格とともに、同一商品についての将来の販売（予定）価格からの割引率を表示する価格表示を行うことから、当該将来の通常価格で販売することが確実であることが必要である。そのため、貴社において、具体的な販売計画等を準備して置く必要がある。一方で、キャンペーン期間後に当該販売価格等で販売できなかった場合には、そのことにつき特段の事情（天災の発生等）がなければ、不当表示となる。

（安井）

第3章

広告の配信・運用

アフィリエイターの管理

当社は、商品を広く知ってもらい、SNSや口コミからの購入を促進するために、アフィリエイトプログラムを導入し、アフィリエイターに自由な発想で当社商品の宣伝をしてもらいたいと考えています。アフィリエイターの管理に当たって法律の観点から気を付けるべきことは何でしょうか。

A アフィリエイターの表示は、通常、広告主の表示とされ、広告主に景表法が適用されることがあるため、アフィリエイターの広告表示内容を会社が確認・管理する体制を整えることが必要となる。また、アフィリエイト広告は、広告であることを表示させる必要がある。

解説

① 景表法の適用対象

(1) アフィリエイト広告の特徴

アフィリエイト広告とは、一般に、アフィリエイターが、自己のSNS等に、他の事業者が供給する商品・サービスのバナー広告等を掲載し、一般消費者がバナー広告等を通じて広告主の商品・サービスの購入申込みや広告主のページへのアクセス等、あらかじめ定められた条件に従って、広告主からアフィリエイターに対して、成功報酬が支払われるアフィリエイトプログラムを用いた広告手法である。アフィリエイターの選定・管理はアフィリエイトサービスプロバイダ（以下「ASP」という）を通じて行われることもある（Q18 参照）。

アフィリエイト広告は、アフィリエイターの創意工夫が発揮されたり、

消費者目線での広告であったりすることから、一般消費者にとって有益な広告であることも多いが、広告の創意工夫を超えて、商品を売るための過剰な表現等がされる傾向にもあるとされている（アフィリエイト広告等に関する検討会「アフィリエイト広告等に関する検討会報告書」（令和4年2月15日））。

　消費者庁は、アフィリエイト広告のこのような傾向を踏まえ、景表法等のガイドライン等にアフィリエイト広告関係の記述を追加する改訂を行っている。よって、アフィリエイトプログラムを利用する事業者（広告主）としても、これらの規制に対応する必要がある。

(2)　アフィリエイトプログラムを利用する事業者（広告主）の責任

ア　景表法の適用対象

　景表法5条は不当表示を禁止しているが、不当表示の適用対象となる事業者は、「表示をし」たこと、すなわち、「表示内容の決定に関与した事業者」である。具体的には、

① 　自らまたは他の者と共同して積極的に表示の内容を決定した事業者

② 　他の者の表示内容に関する説明に基づきその内容を定めた事業者

③ 　他の事業者にその決定を委ねた事業者（自己が表示内容を決定することができるにもかかわらず他の事業者に表示内容の決定を任せた事業者をいう）

が例として挙げられる。

イ　アフィリエイト広告の「表示をし」た事業者

　アフィリエイト広告では、通常、アフィリエイト広告の依頼主である事業者が景表法上の「表示をし」たとされる。自身で表示内容を決定できるにもかかわらず（自社で広告内容を決定し出稿できたにもかかわらず）他の事業者（アフィリエイター）に表示内容の決定を任せたことで、通常、③に該当するからである。

　なお、景表法の表示は「自己の供給する商品又は役務の取引について」されたものである必要があるため、商品・サービスの供給に関与しないアフィリエイターおよびASPは通常景表法の適用対象とならないと考えられる（ Q18 参照）。

2 アフィリエイト広告の管理体制

(1) 景表法の表示管理体制構築義務

ア 法律上の義務の確認

景表法は、不当表示を禁止するだけでなく、表示管理体制を整備すること自体を法律上の義務としている（景表26条1項）。この義務を怠ると、消費者庁長官から事業者に行政指導等がされることがある。

イ 表示管理指針

事業者がとるべき「表示管理体制その他の必要な措置」（以下「**管理上の措置**」という）は、「事業者が講ずべき景品類の提供及び表示の管理上の措置についての指針」（以下「**管理措置指針**」という）によって明らかにされている。

例えば、管理上の措置をとるべき者は、景表法の違反主体となりうるすべての事業者であるが、事業者には、大企業や中小企業といった規模の違い、また実店舗販売や通信販売といった形態の違いがあることから、一律に基準を設けることはせず、各事業者によって必要な措置の内容は異なるとされる。

管理措置指針では、以下の7つの事項について措置を講ずべきとしている。これは、先述のようにアフィリエイト広告が普及する前から事業者の義務とされていた事項である。

① 景表法の考え方の周知・啓発
② 法令の遵守の方針等の明確化
③ 表示等に関する情報の確認
④ 表示等に関する情報の共有
⑤ 表示等を確認するための担当者等を定めること
⑥ 表示等の根拠となる情報を事後的に確認するために必要な措置
⑦ 不当な表示が明らかになった場合における迅速かつ適切な対応

これらの７つの事項について、管理措置指針本文で原則的な考え方が示され、事例集で、事業者の取組み例等の事例が掲載されているため、これらを参考に、各事業者が、自身の事業の特性に合わせて表示管理体制を構築することとなる。

(2) アフィリエイト広告の表示管理体制

上記のとおり、アフィリエイト広告主である事業者は、アフィリエイターが行った表示について、景表法上の適用対象となる可能性のある者である。

消費者庁は2022年、景表法上の表示管理体制をアフィリエイト広告を含めてとるべきであるとして、管理措置指針を改定した。アフィリエイト広告主は、以下のチェックリストを確認する等し、アフィリエイト広告を管理できるだけの体制を整える必要がある。なお、事項①②はアフィリエイトに特に触れられていないため、以下では事項③以降について述べる。

事項③　表示等に関する情報の確認では、
□アフィリエイター等が作成する表示を事前に確認する
□成果報酬の支払額または支払頻度が高いアフィリエイター等の重点的な
　確認や、他の事業者に表示の確認を委託する

事項④　表示等に関する情報の共有では、
□表示内容の方針や表示の根拠情報等をアフィリエイター等と事前に共有
　しておく
□アフィリエイター等から相談を受ける体制の構築や、他の事業者を通じ
　た共有等の対応を行う

事項⑤　表示等を確認するための担当者等を定めることでは、
□表示作成をアフィリエイター等に委ねる場合であっても、事業者は、自
　社の広告として指示・確認権限を有していることを確認し、事業者の表

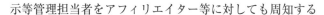

示等管理担当者をアフィリエイター等に対しても周知する

□アフィリエイターにも表示等管理担当者を設置する場合、事業者とアフィリエイター等との間で、権限や所掌を確認する

□アフィリエイター等の表示等管理担当者にも景表法等の表示関連法令の講習を実施する

事項⑥　表示等の根拠となる情報を事後的に確認するために必要な措置では、

□アフィリエイター等が表示の根拠情報を保管することの明確化や、他の事業者に保管等を委託する

□保管等の代わりに定期的な表示等の確認を行う

□成果報酬の支払額または支払頻度が高いアフィリエイター等の情報を重点的に保管等する

　なお、アフィリエイター広告表示等の根拠情報についての資料の例としては、アフィリエイター等とのやり取り（メール、チャット等）、事業者の社内確認・決定資料、アフィリエイターが作成した広告表示のソースコード等が、また資料の保存期間としては、アフィリエイトリンクから事業者の供給する対象商品・役務を購入できる期間に加え、当該商品・役務の特徴、性質に応じた合理的な期間に言及されている。

事項⑦　不当な表示が明らかになった場合における迅速かつ適切な対応では、

□不当表示が明らかになった場合、事業者は、自ら、ASPまたはアフィリエイター等を通じて、迅速に不当表示等を削除・修正できる体制を構築する

□あらかじめ契約した債務不履行の措置（成果報酬の支払停止、返還、契約解除等）を迅速かつ確実に行う

③　アフィリエイト広告であることの表示

　上記表示管理体制の整備に加え、管理措置指針は、一般消費者の誤認を防ぐにあたって、アフィリエイト広告であることの明示が重要であるとしている。

　さらに、2023年10月にはステマ告示が施行されたため（ **Q3** 参照）、広告であることの明示を欠く場合には、表示管理体制整備義務違反のみならず、不当表示となる可能性もある。具体的には以下の点に留意する必要がある。

　　ア　広告の明示文言

□広告であると認識しにくい文言ではなく、例えば「広告」のように、一般消費者がアフィリエイト広告であると認識しやすい文言を使用する

□その上で、事業者の名称等を記載する等、アフィリエイト広告が事業者の表示であることの更なる明示をする

　　イ　広告の明示位置

□一般消費者の視線の動きを踏まえた上で、視野に最初に入る画面内に表示する

□他の表示情報に埋もれないようにする

□アフィリエイト対象の商品・サービスの表示と近接している

　　ウ　広告の明示の大きさ

□アフィリエイト表示に使用される文字の平均的な大きさに対し、少なくとも同程度等、一般消費者が認識できる大きさにする

　　エ　広告の明示の表示の色

□背景色と区別しにくい色ではなく、明確に区別できる色等、一般消費者が認識しやすい色にする

　　オ　広告の明示に関するその他の対応

□表示内容全体から、アフィリエイト広告である、広告主の広告であると理解できる表示となっているかについて留意する

□特に、スマートフォンのSNS等の場合、画面表示領域の制約等により一般消費者の理解を妨げないか留意する

4 まとめ

以上のとおり、アフィリエイトプログラムによるアフィリエイターの表示は、通常、アフィリエイト広告を依頼した広告主の表示とされ、広告主が景表法の適用対象となりうることをまず認識する必要がある。

そして、アフィリエイターによって不当表示がなされるリスクを軽減し、法律上の表示管理体制構築義務を果たすため、アフィリエイターの広告表示内容を広告依頼会社が確認・管理する表示管理体制を整えることが必要となる。

さらに、ステマ告示にも配慮し、アフィリエイト広告は、広告であることを表示させる必要があることも確認されたい。

（土生川）

28 Webページによる個人情報の収集

当社（A社）は、実店舗での商品販売を営んでいるが、感染症の流行で客足が遠のいたので、Webページでの対応をはじめ、メールフォーム、チャットボット、またお客様同士が当社商品のレビューや意見交換できる場も合わせて開設しようと考えています。Webページでは、第三者（B社）が提供する管理ツールを使い、閲覧者の利用履歴を収集し、どの広告が効果的か、どの商品の注目が高いか等の分析も行いたいです。これらの分析は、個人を特定していないし、当社は小規模なので問題ないと思っていますが、何らかの対応が必要でしょうか。

A 個人を特定しない利用者情報の分析に関しても、個人情報保護法における個人関連情報の規制、電気通信事業法における外部送信規律に係る規制が対象になる場合がある。これらの規制は事業者、サービスの規模に関係がなく適用され、どのような情報を取得し、どのようなサービスにおいてどのような目的で使うのかで整理し、本人に対する説明や同意の取得等をしなければならない。

解説

① 個人関連情報の規制

2019年、いわゆる就職活動サイトを運営していた事業者が、顧客企業に対し、就活生が内定を辞退する確率を、提供を受けた顧客企業において特定の個人を識別できることを知りながら、本人の同意を得ることなく提供していたことが社会問題となった。個人関連情報の規制（個人情報31条）は、こうした本人の関与のない個人情報の収集方法が広まることを防止するため、提供元で個人データに該当しないものを第三者に提供する場合で

あっても、提供先で個人データとなることが想定される際は、個人データの第三者提供に準じる規則が課されることになった（令和2年改正）。

他方で、利用者の利用履歴を収集する際には、Webページにおいて、第三者の管理ツールで情報を管理するためにさまざまなタグを埋め込み、管理ツールの提供事業者が直接利用履歴を収集する場合がある。この場合の個人情報保護法の解釈として、「A社がB社のタグにより収集される閲覧履歴を取り扱っていないのであれば、A社がB社に閲覧履歴を「提供」したことにはならず、B社が直接にユーザーから閲覧履歴を取得したこととなる」、「B社がそのタグを通じて閲覧履歴を取得することについて、法第31条第1項は適用されない」（「個人情報の保護に関する法律についてのガイドライン」に関するQ&A　Q8-10）とされている。

したがって、デジタル広告の場面では、タグ等のプログラムによって直接的に第三者が情報を収集しているとの法的整理も可能であるため、個人関連情報の規制の対象となる場面は限定的との評価もあった。後述の電気通信事業法の外部送信規律に関する規制はその点を考慮してか、クッキー等に紐づく情報そのものというよりは、タグ等により外部送信される場面を想定して規制されている点に特徴がある。

② 外部送信規律に係る規制

(1) 概　要

利用者のパソコンやスマートフォン等の端末で起動されるブラウザやアプリケーションを通じて電気通信役務を提供する事業者が、利用者の端末に対して、当該端末に記録された利用者に関する情報を外部に送信するよう指令するプログラム等を送信することがある。本問のタグの埋め込み等がまさに該当する。**電子通信事業法**の外部送信規律は、電気通信役務を提供する事業者に対し、当該プログラム等により送信されることとなる利用者に関する情報の内容や送信先について、当該利用者に確認の機会を付与する義務を課すものである。確認の機会の付与の方法としては、通知、利用者が容易に知りうる状態に置く（いわゆる公表）とともに、同意取得またはオプトアウト措置の提供のいずれかを行う必要がある（電気通信事業

27条の12)。

　電気通信事業法の外部送信規律は、上記の個人関連情報の規律で補足できなかった部分を埋めているとの評価もできる。

※総務省「外部送信規律」ページより抜粋

⑵　外部送信規律の対象サービス

　外部送信規律の対象事業者は、①電気通信事業者（電気通信事業２条５号）または第三号事業を営む者（いずれも電気通信事業を営む者）（電気通信事業164条１項３号。例えば、SNS、電子掲示版、動画共有サービス、オンラインショッピングモール等）で、②「利用者の利益に及ぼす影響が少なくない電気通信役務」を提供している電気通信事業者が対象となる。この点、改正時に誤解が多かったが、電気通信事業（電気通信事業２条４号）を営んでいない場合は、そもそも電気通信事業法の適用を受けないのであり、この場合、仮に情報の外部送信が行われていたとしても、法的には外部送

信規律の対象とはならない。

　ア　①電気通信事業を営む者

　「電気通信事業」とは、電気通信役務を他人の需要に応ずるために提供する事業をいう。例えば、本来の小売業の販売チャネルとしてWebを新たに活用して、自社サイトを作成し商品販売をしている場合には、本来業務である小売業の遂行の手段として電気通信を用いているにすぎず、自己の需要のために電気通信サービスを提供しているため、「電気通信事業」に該当しない。また、本問にもある自社サイトにおいて、お客様の声に対応する目的で設置しているメールフォームや、チャットボットによって対応することも、自己の需要に応ずるものであって、「電気通信事業」には該当しないと考えられている。

　他方で、不特定多数の利用者同士の交流を目的としたテキストの交換・投稿等ができる「場」を提供する場合は、他人の需要に応ずるものとして「電気通信事業」に該当し、その規模に応じて、登録・届出が必要となる。また、サービスの一部として利用者間のメッセージ機能を提供している場合も、登録・届出が必要となる。総務省は「電気通信事業参入マニュアル（追補版）」および「電気通信事業参入マニュアル（追補版）ガイドブック」を公表し、具体的な事例を継続的に追加し解説を行っており参考になる。

　イ　②利用者の利益に及ぼす影響が少なくない電気通信役務

　「利用者の利益に及ぼす影響が少なくない電気通信役務」は、以下のいずれかの電気通信役務のうち、ブラウザやアプリケーションを通じて提供されているものが該当する（電気通信事業施規22条の2の27）。

　⑴　利用者間のメッセージの媒介等
　⑵　SNS、電子掲示版、動画共有サービス、オンラインショッピングモール等
　⑶　オンライン検索サービス
　⑷　ニュース配信、気象情報配信、動画配信、地図等の各種情報のオンライン提供

　本問との関係では、Webサービスで、お客様同士が当社商品のレ

ビューや意見交換できる場を開設する場合、(2)に該当するため「利用者の利益に及ぼす影響が少なくない電気通信役務」に該当する。なお、利用者数の多寡は考慮されておらず、サービスの類型によって形式的に判断される。このため、本問では次の対応が必要となる。

(3) 外部送信規律の適用を受ける場合の対応（通知・容易に知りうる状態）

規律対象となった場合は、(ⅰ)送信されることとなる利用者に関する情報の内容、(ⅱ)(ⅰ)の情報を取り扱うこととなる者の氏名または名称、(ⅲ)(ⅰ)の情報の利用目的を通知または公表（容易に知りうる状態に置く）しなければならない。そして、通知または公表においては、日本語で記載し、専門用語はできるだけ用いず平易な表現を使い、拡大・縮小等の操作を行うことなく文字が適切な大きさで表示されるようにしなければならない（電気通信事業施規22条の2の28、22条の2の29）。

通知はポップアップやアコーディオンによる方法を用いることで上記の(ⅰ)から(ⅲ)を利用者が容易に確認できるように配慮しなければならない。公表は外部送信のプログラムが組み込まれているページまたは当該ページから容易に到達できるページ等において、(ⅰ)から(ⅲ)の事項を表示しなければならず、Webページ、アプリのいずれの場合も必要な画面遷移が多い等動線が分かりにくいものである場合には、求められている公表の要件を充足しない。

(4) 適用除外（通知・容易に知りうる状態の対応が不要の場合）

なお、規律対象となるサービスであっても、(ⅰ)サービス提供にあたって必要な情報（例：OS情報、画面設定情報、言語設定情報、ブラウザ情報、電気通信役務提供のために真に必要な情報等）や(ⅱ)サービス提供者が利用者に送信した識別符号（例：ファーストパーティクッキーに保存されたID等）、(ⅲ)利用者の同意を取得している情報または(ⅳ)適切なオプトアウト措置が施されており、オプトアウトの申し出がなされていない情報（電気通信事業27条の12但書各号、電気通信事業施規22条の2の30および31）に関する外部送信指令通信に関しては、適用除外となっており改めて通知または公表等の対応

をとる必要はない。

③　利用者間のメッセージの確認・監視

　本問では、利用者間の個人間のメッセージサービスを含むものではない
が、通信の秘密の保護（電気通信事業4条）は、いわゆる電話やメールの
通信に限られず、あるサービスに付随する形で提供されるメッセージサー
ビスも対象となる。オープンな場でのチャットサービスにとどまらず、利
用者間でのメッセージ機能を実装する場合、当該メッセージの取扱いには
特に注意が必要である。安心なサービスの提供を目的とするため利用者間
のメッセージを確認・監視することは、機械的に行う場合でも、利用者か
らの有効な同意等を取得した上で正当化できなければ通信の秘密の侵害で
ある。なお、プライバシーポリシー等に一般的な記載として、メッセージ
内容の監視を行う旨の記載がなされているにすぎない場合には、有効な同
意を取得したと通常評価することはできず、個別に同意を取得するプロセ
スを検討する必要がある。

（今村）

29 電子メール広告の送信の可否および記載事項

以前弊社の通販サイトで商品を購入いただいたお客様に対し、購入時に登録いただいたメールアドレス宛に商品の広告メールをお送りしたいと考えているのですが、法律上の規制はあるのでしょうか。また、お送りする広告メールに法律上記載しなければならない事項はあるのでしょうか。

A 電子メール広告を送信する場合、基本的には、チェックボックス等を用いて顧客の同意・承諾を取得する必要がある。また、送信する電子メール広告には、法定の事項を表示する必要がある。

◢解│説

1 はじめに

　特電法および**特商法**では、**電子メール広告**を送信できる相手方を限定した上で、送信する電子メール広告に法定の事項を表示することを義務付けている。

　ただし、特電法が電子メールの良好な利用環境の確保を主な目的とするのに対し、特商法は消費者の保護を主な目的としている。このような目的の違いも踏まえ、特電法と特商法では、電子メール広告の送信の可否の基準や表示すべき事項が若干異なる。また、特商法の規制の適用は、送信の相手方が原則として消費者の場合に限られ（特商26条1項1号）、かつ、通信販売等（通信販売以外にも、連鎖販売取引および業務提供誘引販売取引に係る電子メール広告に対する規制も存在するが、本問では立ち入らない）に係る電子メール広告を送信する場合に限定されるという違いもある。

　そこで、消費者に対して通信販売等に係る電子メール広告を送信する場

合は、特電法および特商法のいずれか厳しい方の規定に従い、それ以外の場合（例えば、顧客が事業者である場合等）には、特電法の規定に従い、電子メール広告の送信の可否および表示事項を検討する必要がある。

②　電子メール広告の送信の可否

　特電法および特商法においては、電子メール広告（ショートメッセージサービス（SMS）での広告を含む）を送信できる場合が列挙されている（特電3条1項および3項、特電施規2条1項、3条および6条、特商12条の3第1項、特商施規28条および29条）。

　ここでは送信可能となる場合を網羅的に解説することはしないが、前記①のとおり、消費者に対して通信販売等に係る電子メール広告を送信する場合は、特電法と特商法の両方が適用されることから、送信可能となる場合は限定的である。現実的には、送信可能となるのは主に以下の2パターンに限定されるといえる。

　①　送信相手の同意（承諾）がある場合（特電法では「同意」、特商法では「承諾」と規定されている。）
　②　契約の申込みや契約締結があったときにその内容や履行に関する事項を通知するために送信される電子メールにおいて付随的に広告・宣伝が行われる場合

　そこで、②の契約内容の確認メール等に併せて広告・宣伝を掲載する場合以外は、①の同意・承諾を取得しておくのが無難と考えられる。

③　「同意」、「承諾」（上記①）の取得方法

(1)　特電法における「同意」の取得方法
特電法ガイドラインによれば、特電法上の「**同意**」があったといえるためには、以下の要件をいずれも満たす必要がある。
　A　通常の人間であれば広告・宣伝メールの送信が行われることが認識できるような形で説明等が行われる。

　B　電子メール広告の送信につき賛成の意思表示がなされる。

　具体的には、電子メール広告の「送信をすること」の同意で足り、電子メール広告の種類や内容まで特定する必要はない一方、同意の通知の相手方（電子メール広告の送信者または送信を他の事業者に委託する者（送信委託者））の名称等が認識できるような説明がなされていなければならない。

　そのため、例えば、契約を申し込むサービスの約款や利用規約に同意の通知の相手方の名称および電子メール広告を送信する旨の記載があっても、極めて小さい文字または極めて目立たない色の文字で記載されている場合や、約款や利用規約が長くウェブサイトを膨大にスクロールして、注意しないと認識できないような場所に記載されている場合等は、Aの要件を満たすとはいえない。

　なお、同意のチェックボックスに初めからチェックを入れておく方法（デフォルト・オン方式）も許容される。しかし例えば、利用者の入力や閲覧が必要のない事項等が長く記載され、チェックボックスがその下部に設置されていて利用者が一覧できないような表示となっている場合等、利用者がチェックボックスにチェックがされていることを容易に認識することはできない場合は、AおよびBの要件を満たさず、「同意」があったとはいえないものと考えられる。

(2)　特商法における「承諾」の取得方法

　特商法上の「承諾」の取得においては、当該操作により「承諾」となることを、顧客が容易に認識できるように表示している必要がある（特商施規42条2項1号および2号）。

　これに関して、消費者庁の「電子メール広告をすることの承諾・請求の取得等に係る「容易に認識できるように表示していないこと」に係るガイドライン」の記載に従えば、仮に、デフォルト・オン方式を採用する場合には、デフォルト・オンの表示が消費者が認識しやすいように明示（例えば、全体が白色系の画面であれば、対面色である赤字で表示）され、かつ、最終的な申込みに当たるボタンに近接したところに表示されている場合には、一般に、容易に認識できるように表示していると考えて問題ないとい

える。他方、膨大な画面をスクロールしないと承諾の表示にたどり着けず、かつ画面の途中に小さな文字で記述されている場合等には、容易に認識できるように表示していないおそれがあるといえる。

(3)　「同意」、「承諾」の取得についての考え方

以上のことからすれば、特電法と特商法の両方の適用がある場合、特電法のみの適用がある場合を問わず、電子メール広告の送信について同意・承諾を得たことに疑義を生じさせないためには、同意・承諾をする旨を約款・規約等の中に記載し当該約款・規約等全体への同意を取得するという方法ではなく、同意のためのチェックボックスを個別に用意すべきである。その上で、仮にデフォルト・オン方式を採用する場合には、少なくとも、他の記載に埋もれることのないような形で、申込みボタンの直上にチェックボックスを置く等の対応を取る必要があると考えられる。また、デフォルト・オン、デフォルト・オフにかかわらず、同意のチェックボックスに係る記載においては、同意の相手方である電子メール広告の送信者または送信委託者の名称を明示しておく必要がある。最も簡略な記載としては、「○○（送信者または送信委託者の名称）からの広告メールを受け取る。」等とした上で、その側部にチェックボックスを用意すること等が考えられる。

④　電子メール広告に表示すべき事項

特電法および特商法により、電子メール広告に表示する必要があるとされる事項および表示場所は下記のとおりである（特電4条、特電施規7条1項、8条および9条、特商11条および12条の3第4項、特商施規23条および31条）。

⑤の事項は特電法に基づき、⑥の事項は特商法に基づき表示する必要があるが、①から④の事項については、特電法と特商法で重複しているといってよいため、消費者を相手方とする通信販売の場合には、表示場所については、より厳格に規定している法律に従う必要がある。したがって、基本的には、①③④の事項については特電法が規定する場所に、②の事項については特商法が規定する場所に、それぞれ表示する必要がある。

	特電法		特商法	
	表示事項	表示方法	表示事項	表示方法
①	送信者または送信委託者のうち当該送信に責任を有する者の氏名または名称	電子メール広告中の任意の場所　ただし、容易に認識できる場所でなければならない。	販売業者・役務提供事業者の氏名または名称（※1）	電子メール広告中の任意の場所（※2）
②	広告の拒絶を通知する先の電子メールアドレス、URL		広告の拒絶を通知する先の電子メールアドレス、URL（またはこれに準ずるもの）	電子メール広告の本文に容易に認識できるように表示しなければならない
③	電子メール広告を拒絶する旨を、②のメールアドレスまたはURL（または当該URLに対応するリンク）に通知することができる旨	②の表示の直前または直後（電子メール広告への返信により拒絶の通知ができる場合は、任意の場所であって容易に認識できる場所）	電子メール広告を拒絶する旨の意思表示をすることができる旨	
④	①の者の住所	任意の場所（電子メール広告中でなくともよい）ただし、電子メール広告以外の場所に表示するときは、その場所を示す情報を電子メール広告中の任意の場所に表示しなければならない。	①の者の住所（※1）	電子メール広告中の任意の場所（※2）
⑤	電子メール広告についての苦情、問合せ等を受け付ける電話番号、電子メールアドレスまたはURL（または当該URLに対応するリンク）			
⑥			特商法11条各号に定める①および④以外の事項	電子メール広告中の任意の場所（※2）

※1　通信販売広告における表示事項（特商11条6号、特商施規23条1号）
※2　ただし、電子メール広告中に掲載されたリンク等からウェブサイト等の広告に遷移する場合には、遷移先の広告ページに表示してもよい。

⑤　違反のペナルティ等

　同意のない電子メール広告の送信や電子メール広告での表示義務違反に対しては、行政指導のみならず行政処分も規定されており（特電7条、特商14条、15条および15条の2）、特商法においては、刑事罰も設けられている（特商72条1項2号および2項、74条1項3号）。

（宮内）

Q 30 広告内容の社会的妥当性

当社はある媒体に継続して当社製品の広告を掲載しています
が、当社の広告の効果が他社の広告と比較して低いことが分か
りました。そこで、消費者の目にとまりやすい刺激的なコピー
や映像を含む広告を新たに製作しようと考えていますが、法令
にさえ違反しなければよいでしょうか。

A 広告が景表法等の法令に違反すれば、措置命令・課徴金納付命
令を受ける等のリスクが生じる。さらに、今日においては、広告
は、単に法律に違反しないことだけでなく、社会的な妥当性を有
し、社会に受け入れられる内容、表現方法であることも求められ
る。また、大手プラットフォーム事業者へ広告を出稿する場合に
は、当該事業者の定める規定に違反しないよう注意が必要である。

解 説

① 広告効果とリスク

(1) ビューアビリティ（表示方法）の改善

デジタル広告における広告の視認可能性のことを**ビューアビリティ**とい
う（**Q42**も参照）。ウェブサイト上に掲載される広告には、ページに遷移
した瞬間に目に飛び込んでくるようなものもあれば、実際にはその広告が
ほとんど目立たずに一般消費者の目にとまらないものや、スクロールしな
ければ表示されず気づいてもらえない広告もある。後者はビューアビリ
ティに問題がある例である。ビューアビリティは、表示される位置だけで
なく、表示の大きさ、表示時間の長さによっても変化する。これらは広告
効果を左右する大きな要素である。

(2)　表示内容改善との注意点

　上記のように広告表示方法以外の広告効果を向上させるための取組みとして、一般消費者の目を惹きつけやすいキャッチーな内容の広告を作成する方法も用いられる。しかし、どのようなやり方でも許されるわけではなく、表示内容によっては違法になるものもある。さらに、消費者に不快な印象を与える内容の広告は、社会的な批判にさらされることも少なくない。広告を掲載する際には、こうしたリスクを把握し管理することが重要となる。

2　法律違反となる表示内容の例

　消費者の注目を集める典型的な方法の1つとして、「今だけお得！」といったように取引条件の有利さを強調する方法がある。期間限定で商品の価格を値引くキャンペーンを行って、価格の有利性を訴求することで拡販効果が期待できるためである。しかし、キャンペーンを継続して繰り返し実施すると、表示と実際に剥離が生じ、不当表示になることがある。具体例として、電子たばこを製造販売する事業者が実施した値引き等キャンペーンの繰り返し事案がある。この事案では、事業者は、コンビニエンスストア等の店頭に設置した各種標示物について、あたかも、表示記載の期間内に会員登録を行った上で専用クーポンを使用して対象商品を購入した場合等に限り、当該表示記載の値引き等が適用されるかのように表示していたが、実際には、当該値引きは当該期間に限定されるものではなく、その他の期間においても同様の値引き等が適用されていた。消費者庁は、このような期間キャンペーンの繰り返しが有利誤認表示に該当すると認定して2021年6月21日に措置命令を行い、2022年6月24日に課徴金納付命令を行った。

　景表法の優良誤認表示については、空間除菌書品を供給する事業者に対し、過去最高額となる6億744万円の課徴金納付命令が出された事案（令和5・4・11消表対第403号）もある。この事案の事業者は、返品対応等を余儀なくされた上、株主代表訴訟を提起されており、景表法違反がビジネスに大きく影響を与える可能性があることを示す例である。この事案で

は、事業者が販売する商品について、これらの商品を使用すれば、あたか
も室内空間に浮遊するウイルスまたは菌が除去または除菌される効果等が
得られるかのような表示を行っていたが、当該表示には十分な根拠がない
と認定された。

　また、広告効果を向上させる目的で、競争関係にある商品との比較対象
を行うという方法もよく用いられる。公正取引委員会は「比較広告に関す
る景品表示法上の考え方」を公表しており（現在は消費者庁に引き継がれて
いる）、①主張する内容が客観的に実証されていること、②実証されてい
る数値や事実を正確かつ適正に引用すること、③比較の方法が公正である
こと、の要件をすべて満たす必要があると説明している。なお、競合事業
者の営業上の信用を害する虚偽の事実を告知しまたは流布する行為は、信
用毀損行為として不競法が定める不正競争行為となり（不競2条1項21
号）、損害賠償や差止請求の対象となる。例えば、ライバル企業が自社の
商標権を侵害している事実はないのに、そのような告知を行う場合である
（東京地判令和2・7・10）。

③　広告の社会的妥当性

　法律で定められた広告規制を遵守することは当然であるが、たとえ明確
な違法ではない場合であっても、社会に歓迎されない広告を発信してしま
うと、批判を受け、かえってマイナス効果を生んでしまうことがある。

　以下の表は、消費者に嫌悪感を抱かせ、不快を与える広告の類型であ
る。こうした広告は、広告を作成、提供する側の立場で見れば、刺激的な
内容や表現で消費者の関心を集めたり、話題性を持たせて消費者の気を惹
こうとする意図の表れであることも多いが、苦情や炎上のきっかけになり
やすく、注意が必要である。

内容に関するもの	暴力、攻撃的、危険、恐怖、残酷、不気味、異様 卑猥、みだら、わいせつ いじめ、虐待、屈辱的、侮辱、卑劣 権利侵害

第3章

広告の配信・運用

159

	差別
	射幸心
	（特に人の容貌、身体的特徴に関し）劣等感をあおる
	強制、一方的、押し付け
	くどい、下品
	反社会的
	非科学的、迷信
	非常識、不誠実、不道徳、マナー違反、無神経
	不敬、伝統否定
	悪徳商法、勧誘
表現に関するもの	曖昧、意味不明、わかりにくい
	うそ、裏切り、虚偽、欺瞞、ごまかし
	やらせ、しらけ、わざとらしい

岡田米蔵『広告倫理の構築論──人工的体系の構造と実践行動』（創英社・三省堂書店、2019年）145頁の表を再構成

　このような**「不快」とされる広告**のうち、一定の程度のものについては、倫理に反し、または品位を損なうものとして、広告に関する自主規制に違反する場合がある。

　広告の自主規制には、広告主によるもの、広告会社によるもの、広告媒体社によるもの、業界団体によるものがある。例えば、広告会社の団体である一般社団法人 日本広告業協会（JAAA）は、広告業の健全な発達と広告活動の改善向上に関する事業を行っており、広告倫理の向上運動を事業内容の一つとしている。また、広告主による日本アドバタイザーズ協会（JAA）は、日本の有力なアドバタイザー企業・団体自らが共同して、広告活動の健全な発展のために貢献することを目的としており、「倫理綱領」においては「広告が社会や人々の生活に与える影響の大きさに鑑み、私たちが関係する全ての協力者とイコールパートナーの関係を保ちながら、品位ある広告を行うことで広告業界ひいては社会全体の健全な発展を目指す。」との基本理念を掲げている。広告の各自主規制においては、いずれも①真実を伝えること、②品位を損なわないこと、③法令違反をしないこと等が掲げられている。

　また、デジタル広告においては、大手プラットフォーム事業者に出稿す

る場合に特に注意が必要である。こうしたプラットフォーム事業者は、各社が独自に規定を設けており、法律よりも厳格な内容になっていることが多い。規定に違反する広告は掲載が拒否されたり、削除される。デジタル広告が大手プラットフォーム事業者に掲載を拒否されてしまうと、広告として社会一般に認知される可能性が大きく狭まることにもなる。今後も広告に社会的な妥当性を求める傾向はより強まるものと考えられ、広告を製作する場合には十分な注意が必要である。

（安井）

Q
31 広告DPF事業者による広告配信の拒否

当社は、A社が運営するSNSでウェブ広告を配信するために、A社の広告配信サービスに広告主として登録しました。その後、何種類かの広告を当該SNSで配信しているのですが、ある広告の配信を申請したところ、A社の定める広告配信基準を満たしていないとして配信が拒否されました。当社は、広告主登録に際し、A社の定めた規約を遵守するという内容の契約を締結していますが、今回の配信拒否に際してA社から具体的な拒否理由の説明はなく、納得がいきません。何か対策をとることはできるのでしょうか。

A

A社が透明化法における特定デジタルプラットフォーム提供者である場合には、A社が同法に基づく開示義務に違反しているとして、適当な措置をとるべきことを経済産業大臣に対して求めることが考えられる。

また、A社に対し、貴社とA社の間の契約の履行請求として、広告の配信を求められる場合がある。配信拒否が独禁法上の不公正な取引方法に当たる場合には、同法に基づく差止請求の一態様として広告の配信を求められる可能性もある。

解説

① 配信拒否理由の開示義務違反

(1) はじめに

事業者が他の事業者に対してサービスの提供を拒否する際に、その理由を説明する義務はないのが原則である。しかし、一部のデジタルプラットフォーム事業者に対しては、**透明化法**により、理由の開示に関する義務が

課されている。

(2) 透明化法の規制対象

透明化法は、特定デジタルプラットフォーム提供者（透明化2条6項。以下「特定DPF提供者」という）に対して一定の情報の開示義務等を課すことを主な内容としている。

デジタル広告分野では、メディア一体型広告デジタルプラットフォーム（自社の検索サービスやポータルサイト、SNS等に、主としてオークション方式で決定された広告主の広告を掲載する類型。透明化令1項の表3号）の運営事業者であるGoogle LLC、Meta Platforms, Inc. およびLINEヤフー株式会社が、広告仲介型デジタルプラットフォーム（広告主とその広告を掲載するウェブサイト等運営者（媒体主）を、主としてオークション方式で仲介する類型。透明化令1項の表4号）の運営事業者であるGoogle LLCが、特定DPF提供者に指定されている。

(3) 透明化法に基づく情報開示義務

特定DPF提供者が一定の行為を行うときには、透明化法所定の情報を開示しなければならない（透明化5条3項、4項。それぞれ但書に例外が定められている）。例えば、継続して特定DPF（透明化2条6項）を利用する商品等提供利用者（透明化2条3項）に対し、当該特定DPFの提供の一部を拒絶するときは、その内容と理由を開示しなければならず（透明化5条3項2号）、当該特定DPFの提供の全部を拒絶する場合には、30日前の日までに（透明化施規11条1項3号）、その旨と理由を開示しなければならない（透明化5条4項2号）。

これらの開示は明確かつ平易な表現を用いて記載することで行われる必要があるほか、相手方から求められた場合には、日本語で翻訳した内容が遅滞なく開示されなければならない（透明化5条3項、4項、透明化施規8条各項）。

⑷ **本問では**

A社がその運営するSNSおよび広告配信サービスを理由として特定DPF提供者（メディア一体型広告デジタルプラットフォーム）に指定されている場合、A社は、当該SNSおよび広告配信サービスの運営において、透明化法に基づく特定DPF提供者に関する規律に従う必要がある。

メディア一体型広告デジタルプラットフォームにおいては、広告主が商品等提供利用者である。そのため、特定DPFであるメディア一体型広告デジタルプラットフォームを継続して利用する広告主に対し、一部の広告の配信を拒否する行為は、透明化法5条3項2号の「継続して当該特定デジタルプラットフォームを利用する商品等提供利用者に対する当該特定デジタルプラットフォームの提供の拒絶（当該提供の全部を拒絶する場合を除く。）」に該当する。

本問で貴社は、特定DPFであるA社の広告配信サービスで広告主登録を行い、当該広告配信サービスを利用して広告配信を行っているが、一部の広告について配信を拒否されている。そのため、A社の行為は透明化法5条3項2号所定の行為に該当し、A社は配信拒否に際してその理由等を開示しなければならない（同項但書所定の例外事由に当たらないことを前提とする）。理由等は明確かつ平易な表現を用いて記載されなければならないが、具体的にどのような情報の開示が必要であるかは法文上必ずしも明確ではない。この点は今後の実務の積み重ね等により次第に明らかになっていくものと思われるが、少なくとも本件のように広告配信基準を満たしていないという説明を行うのみでは理由を述べていないに等しく、透明化法により求められている内容が開示されていないといえる。

また、理由等は透明化法5条3項所定の行為を行う「とき」に開示されるべきこととされ、具体的な期限は必ずしも明らかではない。しかしながら、ここでの理由等の開示は、類型的にみて利用者の利益を損なうおそれがある行為について、不当な目的で行われることを未然に防止し、利用者の自主的・合理的な選択を促進するために求められていることに鑑みると、理由等の開示は原則として提供の拒絶までに行われる必要があると考えられる。

　本問では、すでに広告配信が拒否され、それまでに適切に理由が開示されていないことから、開示義務への違反が生じている。そこで、透明化法10条1項に基づき、経済産業大臣に対し、同法5条3項に基づき講ずべき措置がA社により講じられていないことを申し出て、適当な措置をとるべきことを求めることが考えられる。経済産業大臣は、透明化法6条1項に基づき、必要な措置をとるべき旨をA社に勧告することができる。なお、情報開示義務への違反による損害がある場合には、不法行為（民709条）に該当するとして、A社に対して損害賠償を請求することも考えられる。

② 広告配信請求の可否

(1) 広告配信拒否が不公正な取引方法となる可能性

　A社は、貴社の広告がA社の広告配信基準を満たしていないとして広告配信を拒否している。A社には契約の自由（民521条）があるため、広告配信基準を満たしていない広告の配信は行わないという内容の契約を締結することは、原則として問題ない。

　もっとも、契約自由は何ら契約に関する制限を受けないことを意味するものではない。例えば、契約の締結を拒否することが、独禁法における不公正な取引方法、例えば取引拒絶（独禁2条9項1号イ（直接・共同の供給拒絶）、一般指定2項（直接・単独の取引拒絶））に該当するのであれば、同法24条に基づく差止請求の一態様として、契約の締結を求めることができる場合がある。なお、独禁法24条は、不公正な取引方法に該当する行為の差止請求権に関する規定だが、差止請求として作為を求めることができるか、特に取引拒絶の場合において取引の実施を求めることができるかについては争いがある。これを否定する裁判例（三光丸事件・東京地判平成16・4・15）もあるが、学説では、給付内容が明確であること等を条件として、必要であれば作為を求めることができるとする見解があり、これが多数説であるとされる（泉水文雄『独占禁止法』（有斐閣、2022年）746頁）。裁判例においても、一般論として、「差止請求の対象である『その侵害の停止又は予防』は、不作為による損害を停止又は予防するための作為を含むと解するのが相当である」と判示するものもある（ソフトバンク差止請求

事件・東京地判平成26・6・19。結論としては請求棄却)。

上記のとおり事業者には契約自由があるため、特に直接・単独の取引拒絶が独禁法上問題となる場合は限定的に解されており、直接・単独の取引拒絶は、①独禁法上違法な行為の実効を確保する手段として行われる場合に独禁法違反となるほか、②独禁法上不当な目的を達成する手段として行われる場合に独禁法上問題となるとされている(公正取引委員会「流通・取引慣行に関する独占禁止法上の指針」第2部第3の1。それぞれに該当する行為の例が、第2部第3の2に挙げられている)。

(2)　本問では

A社との間の広告主登録に関する契約等で、広告配信基準を満たす広告の配信が申請されたときにはA社が広告配信を行うことが合意され、かつ配信を拒否された広告が実際には広告配信基準を満たしているという場合には、A社に対して、当該契約の履行請求として広告配信を求めることが考えられる。

また、A社との間での契約で、A社に対して広告配信を求める権利が認められていなければ(例えば、広告配信基準を満たす広告についても配信を行うか否かについてA社に裁量がある場合や、広告配信基準を満たすか否かについてA社の判断の余地が大きい広告配信基準(「A社が不適切と認めない広告」という基準等)が設定されている場合はこれに当たると解される)、配信拒否の理由等によっては、A社による広告配信の拒否が、独禁法における不公正な取引方法のうち、直接・単独の取引拒絶となる可能性がある。例えば、A社が貴社との間の契約において違法な排他条件を付したところ(一般指定11項)、貴社がこれに従わなかったため広告配信が拒否されたというような事情があれば、広告配信拒否が直接・単独の取引拒絶として不公正な取引方法に当たる可能性がある。

なお、広告配信基準の内容によっては広告配信基準の設定自体が優越的地位の濫用(独禁2条9項5号)に当たる可能性はあるものの、広告配信基準自体に問題があるケースは多くないと思われる。また、十分な説明なく広告配信を拒否することが優越的地位の濫用となる可能性もあるが、優

越的地位の濫用は、取引の相手方に不利益を与えるケースで問題になることが典型であり、取引拒絶の場面で優越的地位の濫用を適用するのは容易でないと思われる。

　本問の配信拒否が、独禁法24条が定めるその他の要件も満たすのであれば、貴社からA社に対して、同条に基づく差止請求権の行使として、広告配信を求めることが考えられる。

　なお、A社による広告配信拒否が独禁法違反となるのであれば、当該配信拒否により生じた損害の賠償請求を行うことも考えられる（民709条。公正取引委員会による排除措置命令が確定した場合の無過失損害賠償責任については、独禁25条・26条）（**Column**「独禁法・下請法違反の効力」（p.199）参照）。

（田中）

サプライ・サイド・プラットフォームの提供

> 広告仲介事業者である当社は、デジタル広告の分野でサプライ・サイド・プラットフォーム（SSP）を提供しており、25％の市場シェアを有しています。競合事業者のうちX社は、市場シェア50％を占めています。
>
> 当社は、X社に対抗するために、すべての取引先媒体社との取引条件に、他社のSSPを利用しないことを含めていますが、法的に問題ないでしょうか。また、X社もすべての媒体社との取引に同様の条件を付けている場合に、何か違いがあるでしょうか。

A　相手方が自己の競争者と取引しないことを条件として取引することは、排他条件付取引といわれ、貴社の市場シェアや排他条件の存続期間等によっては、独禁法違反となる場合がある。貴社のみでなく、X社も排他条件付取引を行っている場合には、そうでない場合に比べて、貴社の排他条件付取引が独禁法違反となる可能性はより高まる。

┃解┃説┃

① サプライ・サイド・プラットフォーム（SSP）とは

　SSPとは、広告収益の最大化を目指して広告媒体が利用するプラットフォームである。広告枠が存在するウェブページが表示されたら、SSPは広告リクエストを受け、広告主側にオークションの実施をリクエストする。SSPは、そのオークションの結果を受けてさらに自らオークションを行って表示する広告を決定し、広告リクエスト元に伝えるという機能を果たしている（広瀬信輔著『アドテクノロジーの教科書』（翔泳社、2016年）13

頁およびColumn「DSP/SSP」（p.173）参照）。

② 排他条件付取引とは

独禁法19条で禁止されている**不公正な取引方法**は、同法2条9項で定義されており、同項1号から5号までに定められる行為、および同項6号に基づき公正取引委員会が指定した行為がこれに該当し、公正取引委員会が行った指定のうち「不公正な取引方法」が一般指定である。

不公正な取引方法の一類型として、一般指定11項は**排他条件付取引**を定めている。排他条件付取引は「不当に」行われる場合、すなわち、公正競争阻害性を有する場合に独禁法違反となる。

排他条件付取引のうち主要な類型の行為がどのような場合に「不当」となるかに関して、公正取引委員会は、**流通・取引慣行ガイドライン**で考え方を示している。

③ 排他条件付取引に関する流通・取引慣行ガイドラインの記載

(1) 排他条件取引が独禁法違反となる場合

これによると、①市場における有力な事業者が、②取引先事業者に対し自己の競争者と取引しないよう拘束する条件を付けて取引する行為を行うことにより、③市場閉鎖効果が生じる場合には、その行為は独禁法上違法となる不公正な取引方法に該当する（第1部第2の2(1)）。このうち、②は排他条件付取引がどのような行為であるかを述べたものであり、①および③が公正競争阻害性に関する記載である（より正確には、③が公正競争阻害性の内容であり、①は、③に該当するか否かの判断に役立つものという関係であるとされる（白石忠志監修『全訂版 ビジネスを促進する独禁法の道標』（第一法規、2023年）19頁〔籔内・内田・池田執筆〕）。①のとおり、排他条件付取引は、「市場における有力な事業者」（市場シェア20％超であることが一応の目安）によって行われた場合に不公正な取引方法となるおそれがあり、シェア20％以下の者が行っても、通常公正な競争を阻害するおそれはなく、違法とならないとされる（流通・取引慣行ガイドライン第1部3(4)）。もっとも法律上は、シェア20％以下の者が行った排他条件付取引が違法と

なる可能性がないわけではない。

(2)　③「市場閉鎖効果が生じる場合」について

「市場閉鎖効果が生じる場合」とは、「新規参入者や既存の競争者にとって、代替的な取引先を容易に確保することができなくなり、事業活動に要する費用が引き上げられる、新規参入や新商品開発等の意欲が損なわれるといった、新規参入者や既存の競争者が排除される又はこれらの取引機会が減少するような状態をもたらすおそれが生じる場合」をいう（流通・取引慣行ガイドライン第1部第3(2)ア）。

「市場閉鎖効果が生じる場合」に当たるか否かは、具体的な事案に応じて、市場の競争の状況や排他条件の拘束を受ける事業者の数等、さまざまな事情を総合的に考慮して判断される（流通・取引慣行ガイドライン第1部3(1)や第1部第2の2(1)イも参照）。

この点、排他条件付取引を行う事業者がプラットフォーム事業者である場合、排他条件付取引による競争への影響については、プラットフォーム事業者間の競争の状況や、ネットワーク効果（プラットフォーム事業者を介して取引を行う2つの利用者グループ間において、一方の利用者グループに属する利用者が増加するほど、他方の利用者グループに属する利用者にとって当該プラットフォーム事業者を介して取引を行うことの便益・効用が向上するような場合には、間接的なネットワーク効果があるとされる）等を踏まえたプラットフォーム事業者の市場における地位等を考慮する必要がある（流通・取引慣行ガイドライン第1部3(1)）。

④　本問では

(1)　貴社の行為は独禁法違反となるか

貴社は、SSPの市場シェア25％を占めている。SSPの市場が独禁法の適用範囲を画する「市場」と一致するとは限らないが、ここでは貴社の独禁法上の市場シェアも20％を超え、上記3(1)の①を満たすものとして検討を進めることとする。なお、貴社は排他条件付取引を行っているため、同②も満たしている。

同③については、どのような場合にそれを満たすかを判定する定量的、一義的な基準はなく、さまざまな事項を総合的に考慮することになる。

本問では、市場シェア25％を有する事業者である貴社がすべての取引先媒体社に対して排他条件を付して取引をしているため、競合事業者であるSSP提供者から見ると、市場の25％について取引の可能性が閉ざされることとなる（シェアが売上高ベース等で算定されている場合は必ずしもこのようにはいえないが、ここでは単純化して検討する）。この程度の閉鎖割合であれば、直ちに排他条件付取引として違法となるわけではないというのが一般的な考え方と思われるが、本件の市場閉鎖性が、独禁法違反が問題となりえないほど小さいともいえない。

また、排他条件により、取引先媒体社が他社SSPを利用できない期間も重要な考慮要素である。一般的に、期間は長ければ長いほど市場閉鎖効果が生じる可能性が高くなるが、媒体社側と広告主側を組み合わせる一種のプラットフォームであるSSPについて、間接ネットワーク効果が働くことにより、短期間の媒体社の囲い込みであっても他のSSP提供者にとって競争上大きな支障となりうるのではないか等、具体的事情を踏まえた検討が必要となる。

本問では、貴社はX社に対抗するために排他条件を付けた取引を行っているとのことである。排他条件を付けることによって、貴社がより安価に、あるいは取引先媒体社にとってより好条件でSSPを提供できるようになっている等の事情があれば、排他条件を付けることは貴社と競合事業者との競争をより活発なものにする側面を有しているとも評価できる。そのため、そのような事情の存在は、公正競争阻害性の存在を否定する方向の考慮要素となりうる。

(2) X社が排他条件付取引を自らの取引先媒体社と行っていた場合

X社が排他条件付取引を自らの取引先媒体社と行っていた場合、貴社の行為の法的評価に影響するだろうか。

流通・取引慣行ガイドラインでは、複数の事業者がそれぞれ並行的に制限を行う場合には、一事業者のみが制限を行う場合と比べ、市場全体とし

て市場閉鎖効果が生じる可能性が高くなるとされている（流通・取引慣行ガイドライン第1部第2の2(1)イ）。

　X社はSSPの分野で50％という大きな市場シェアを有しており、このようなX社がすべての取引先媒体社と排他条件付取引を行っている場合には、競合事業者であるSSP提供者から見ると、取引媒体社先を見つけることはより困難になるといえる。そのため、X社の排他条件が存続する期間においては、X社の行為自体が独禁法違反となりうるだけでなく、貴社の排他条件付取引が市場閉鎖効果を有するものとして違法とされる可能性がより高くなる点に注意が必要である。

（田中）

▶**Column** DSP／SSP

　DSPとは「Demand-Side Platform」の略称で、広告を出稿する広告主向けの広告配信プラットフォームである。広告主にとっては、リアルタイムでの広告枠の入札により、広告の費用対効果を最大化できる。

　これに対して、SSPとは「Supply-Side-Platform」の略で、Supply-Sideであるメディアが広告収益を最大化するためのプラットフォームである。SSPは、DSPと同じく、リアルタイムでの入札により、接続しているDSPやアドネットワーク（広告枠を持つメディア等をネットワークでつなぐことで、１つのアドネットワークへの配信依頼をした場合、そのアドネットワーク上にある広告配信媒体の枠に対して広告配信を行うシステム）の広告の中で、一番単価が高いものを自動で選んで配信してくれるシステムである。

　そして、Webサイトを訪問した利用者のユーザー情報（クッキー、IPアドレス、ブラウザーOS等の情報、広告掲載先のドメイン情報等）をDSPがSSPから受け取り、SSPから受け取ったユーザー情報をもとに、広告主と契約している広告の中からターゲットである利用者に最適かつ単価の安い広告を選んでSSPに送信する。DSPから情報を受け取ったSSPは、その中で最高額を提示した広告主を選定する。このような流れで、SSPから選ばれたDSPの広告が配信される。

第3章

広告の配信・運用

<DSP、SSP利用時の広告の配信の主な流れ>

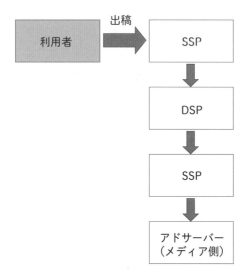

また、SSP-DSP間の広告のやりとりはRTBという仕組みで行われる。ここでいうRTBとは「RealTimeBidding」の略であり、リアルタイムに入札、オークションを行うことを意味している。すなわち、RTBはメディアと広告主の間で広告取引をリアルタイムに行う技術である。

（越田）

Q 33 デジタル広告と消費者向け利用規約

SNSのように広告で収益を上げるビジネスにおける広告の配信を含む消費者向け利用規約はどのように作成したらいいでしょうか。また、利用規約は自由に変更できるのでしょうか。

A 　多くの消費者は利用規約を読まないことや理解できないことを念頭に置き、消費者が内容を理解できるような表示方法および内容に定める必要がある。また、利用規約が「定型約款」に当たる場合、その利用規約の内容を不利益に変更する際には、契約の目的に反せず、その変更に係る事情が合理的である必要がある。

解 説

1 デジタル広告と利用規約

検索サービスやSNSを一般消費者が利用するにあたっても利用規約に同意する必要があり、デジタル広告の分野等でも**利用規約**の存在が重要なものであることには変わりがない。

2 利用規約の作成

利用規約の内容は、事業者と消費者の契約内容となるところ、消契法3条において、事業者の努力義務として、

① 　消費者契約の内容が明確かつ平易なものであること（同条1号）
② 　消費者に対して消費者契約の内容についての必要な情報を提供すること（同条2号）

の2点が定められている。

また、同条では、努力義務として、消費者が民法548条の3第1項に規

定する請求（定型約款の内容を示すことに係る請求）を行うために必要な情報を提供すること（同条3号）および、解除権の行使に係る必要な情報を提供すること（同条4号）が定められている。

③　利用規約と定型約款

　一般的に、一般消費者に対する利用規約は「定型取引において、契約の内容とすることを目的としてその特定の者により準備された条項の総体」（民548条の2）に該当するため「**定型約款**」に当たり、定型約款に係る民法の規定の適用がある。

　民法548条の2第1項は、「定型約款を契約の内容とする旨の合意をしたとき。」（同項1号）または「定型約款を準備した者があらかじめその定型約款を契約の内容とする旨を相手方に表示していたとき。」（同項2号）に個別の条項について合意をしたものとみなすとしている。

　なお、消費者は、年齢やネットに対するリテラシーの程度がさまざまであり、すべての人が利用規約を読んで理解できるとは限らないし、そもそも利用規約を読まない消費者が非常に多いものと想定される。実際、公正取引委員会が公表している「デジタル広告の取引実態に関する中間報告書」（2020年）においては、検索サービスを利用する消費者に対して、利用規約があることを知っているか質問したところ、利用規約の「存在は知っているが、どこにあるのかは知らない」または「知らない」との回答が70パーセント強を占めたと報告されていることを踏まえると、クレームリスクを避けるために消費者がより認識しやすい方法で表示することを検討することも重要である。

④　利用規約の変更

(1)　概　要

　民法548条の4は定型約款の変更に関する条文である。同条は、変更前の契約内容に対する相手方の期待を保護する必要性が高いことを前提に、契約の相手方の同意を得ることなく、変更できる場合としてそれぞれ規定されている。

すなわち、同条１項は、「定型約款の変更が、相手方の一般の利益に適合するとき」（１号）または「定型約款の変更が、契約をした目的に反せず、かつ、変更の必要性、変更後の内容の相当性、この条の規定により定型約款の変更をすることがある旨の定めの有無及びその内容その他の変更に係る事情に照らして合理的なものであるとき」（２号）には、「個別に相手方と合意をすることなく契約の内容を変更することができる」と規定している。

ア　利益変更の場合

同項１号は、「定型約款の変更が、相手方の一般の利益に適合するとき。」と規定しているから、定型約款の変更が消費者の利益に資するものであれば、約款の変更を認めるというものである。

イ　不利益変更の場合

上述のとおり、同項２号の規定は、同号に定める要件を充足した場合に、不利益変更のときであっても、個別に相手方と合意をすることなく契約の内容を変更することができるというものである。そして、同号における「変更の必要性、変更後の内容の相当性、この条の規定により定型約款の変更をすることがある旨の定めの有無及びその内容」というのはあくまでも「変更に係る事情に照らして合理的なもの」の例示部分であり、結果として合理性があるか否かはこのような事情等を総合考慮して判断される。

なお、仮に要件に該当しない場合、約款の変更にあたって個別の利用者から同意を取得する必要があるが、個別に同意を取得していない利用者との関係では、従前の約款の内容が適用されることになる。

(2)　実務上の対応

１号の利益変更を行う場合は通常問題となることはなく、問題となるのは２号の不利益変更を行う場合である。

不利益変更を行う場合は、様々な事情を総合考慮のうえ、結果として合理性があるか否かを判断しなければならない。

例えば、変更の必要性があると評価できる否かについて、一般論としては、法令が変更されたこと、経済情勢の変動等の外的要因を理由として変

更の必要性を説明することもありうる。ただ、実際には事業上の都合等であり、必要性が高いとまでは評価できないケースもある。

　また、「変更後の内容の相当性」については、変更された条項の内容が変更の必要性に照らして適切な内容であるか、過剰な変更でないかといった点が考慮される。そして、「その他の変更に係る事情」としては、変更後の契約に拘束されることを望まない相手方に対して契約を解除する機会を付与し、変更の効力発生までに実際に解除ができているか、違約金等を要しないか等、相手方の不利益を軽減する措置が取れているか等が考慮される。

（越田）

ショッピングサイトにおけるキャンペーンの実施

> ショッピングサイトにおいて景品企画を予定しています。①会員登録（無料）を行った場合に抽選で物品を提供する場合、②商品購入後に初めて会員登録を行った場合に、会員登録を行った消費者に対し先着順で物品を提供する旨明示して物品を提供する場合（購入者は物品を受けられるかをあらかじめ認識できます）、③②のケースで、先着順で景品類の提供を行いますが、自らの順位がわからず、購入者が物品を受けられるか否か認識できない場合、景品規制はどのように適用されますか。さらに、④これらのキャンペーンを複数のショッピングサイト事業者が共同して行った場合はどうなりますか。

> **A** ①無料の会員登録を行ったのみであれば、取引付随性が認められず、この場合に提供される物品は景表法の「景品類」には該当せず、景品規制の対象とならない。他方で、②商品の購入後に会員登録を行った消費者に対し先着順で物品を提供する場合、取引付随性が認められ、「景品類」に該当し、総付規制の上限額の範囲内で提供する必要がある。一方、③のケースは、懸賞規制の上限額の範囲内で提供する必要がある。④これらのキャンペーンを複数のショッピングサイト事業者が行う場合、それぞれの事業者に景品規制が適用される。

◢ 解 説

1 景品規制の対象となるか

(1) 景表法上の「景品類」とは

景表法の景品規制の対象となる「**景品類**」とは、(ア)顧客を誘引するため

の手段として、(イ)事業者が自己の供給する商品・サービスに付随して提供する（「**取引付随性**」）、(ウ)物品、金銭その他経済上の利益をいう（2条3項）。これに該当する物品を提供する場合に、提供方法に応じて、提供可能な額等に制限がある。

(2)　取引付随性が認められる場合とは

　事業者が一般消費者へ景品企画として経済上の利益を提供しようとする場合、当該経済上の利益に取引付随性があるか否かが検討事項となることが多い。

　まず、商品を購入した場合に、他の物品を提供する等、取引を行うことを条件として他の経済上の利益を提供する場合には、取引と経済上の利益の提供が直結しており、最も強い形で取引付随性が認められる。

　また、景表法は、「商品及び役務の取引に関連する不当な景品類及び表示による顧客の誘引を防止する」（1条）ことを目的としていることから、ここでいう「取引に付随」するとは、単に「取引を条件」とするよりも広く、「取引に関連」すると同様の意味であると解されている。したがって、取引を条件としなくても、経済上の利益の提供が、顧客の購入の意思決定に直接結びつく可能性のある形で行われるものについては、取引付随性があるといえる。

②　本問について

(1)　インターネット上のショッピングサイトで会員登録を行った場合に、物品を提供する場合の取引付随性

　本問では、インターネット上のショッピングサイトで会員登録を行ったにすぎず、当該ショップから商品を購入することや、来店すること等が条件となっていない。

　会員登録においては、あくまで、ショップが会員の情報を取得したにとどまる。そして、ウェブサイト上で行われる懸賞については、懸賞サイトが商取引サイト上にあったり、商取引サイトを見なければ懸賞サイトを見ることができないようなウェブサイトの構造であったとしても、消費者は

ウェブページ間を自由に移動できることから、懸賞への応募が商品・サービスの購入に直ちにつながるものではなく、取引付随性は認められないといえる（公正取引委員会「インターネット上で行われる懸賞企画の取扱いについて」（平成13年）参照）。

(2) インターネット上のショッピングサイトで商品を購入した上で会員登録を行った場合に、先着順で物品を提供する場合

会員登録を行った一般消費者に対して物品を提供することはケース①と同様であるが、会員登録を行うことができるのは本ショッピングサイトで商品を購入した者に限られるため、商品・サービスを購入しなければ応募できない場合に該当し、取引付随性が認められる。したがって、提供される物品は「景品類」に該当する。

そこで、会員登録をした消費者に対して先着順で物品を提供することが、懸賞となるのか、いわゆる総付による提供であるのか問題となる。

ア 懸賞とは

景表法上「懸賞」とは、商品・サービスの利用者に対し、くじ等の偶然性、特定行為の優劣等によって景品類を提供することをいい、抽選やじゃんけん、クイズに正答した場合等に提供されるものをいう（「懸賞による景品類の提供に関する事項の制限」（昭和52年公取委告示第3号）（以下「**懸賞制限告示**」という）1項）。

これに該当する場合には、下図のように懸賞による取引価額が5,000円未満の場合、景品類の限度額は最高で取引価額の20倍まで、取引価額が5,000円以上の場合は、最高額は10万円まで、総額については、取引価額に関わらず売上予定総額の2％までの景品類を付すことができる（「懸賞制限告示」2ないし3項）。

懸賞による取引価額	最高額	総額
5,000円未満	取引価額の20倍	懸賞に係る売上予定総額の2％
5,000円以上	10万円	懸賞に係る売上予定総額の2％

イ 総付とは

総付による提供とは、懸賞の方法によらずに提供される景品類のことを

いい、例えば、購入者全員に対してもれなく景品類を提供する場合がこれに当たる。

　下図のように、総付による提供に該当する場合に付すことのできる景品類の最高額は、取引価額が1,000円未満の場合には200円まで、1,000円以上の場合には取引価額の10分の2までとなる（給付告示1項）。

取引価額	景品類の最高額
1,000円未満	200円
1,000円以上	取引価額の10分の2

ウ　ケース②の場合

　先着順は、購入した順番を基準にして早い順で人数を区切るため、購入時期という「特定の行為の優劣」によって景品類の提供の有無が決せられる。そのため、「懸賞」に該当するようにも思えるが、本問のように購入者が物品を受けれるか否かあらかじめ認識できる仕様を用いるとき、景品類の提供の有無が「特定の行為の優劣」によって決まっているわけではなく、また、「偶然性を利用して定め」られてもいない。したがって、「懸賞」に該当せず、「総付」に該当するといえる（「『懸賞による景品類の提供に関する事項の制限』の運用基準」（平成24年消費者庁長官通達第1号。以下「**懸賞運用基準**」という）3項参照）。

エ　ケース③の場合

　一方、ケース③では、自らの順位がわからず、購入者が物品を受けられるか明らかではないため、「懸賞」に該当する。

(3)　ショッピングサイトによる共同提供（ケース④）

　複数のショッピングサイト事業者で共同してケース②の総付企画によって景品類を提供する場合、それぞれのショッピングサイト運営事業者に景品規制が適用されるので、総付規制の範囲内で実施する必要がある。

　次に、複数のショッピングサイトで共同してケース③の懸賞企画を実施する場合、景表法上の「**共同懸賞**」に該当するかが検討事項となる。「共同懸賞」に該当する場合、下図のように景品として提供できる額が上がるためである。

最高額	総額
取引の価額にかかわらず30万円	懸賞に係る売上予定総額の３％

　ここで、「共同懸賞」とは、複数の事業者が参加して行う懸賞をいうが、具体的には以下の３つの類型のいずれかに該当する場合をいう（懸賞制限告示４項）。
　Ⓐ　一定の地域における小売業者またはサービス業者の相当多数が共同して行う場合。
　Ⓑ　一部の商店街に属する小売業者またはサービス業者の相当多数が共同して行う場合。
　Ⓒ　一定の地域において一定の種類の事業を行う事業者の相当多数が共同して行う場合。

　本問では、ショッピングサイトにおいて共同でなされる懸賞も「一定の地域」や「商店街」においてなされた懸賞といえるのかが問題になる。しかし「一定の地域」とは、その字義どおり店舗や営業施設の所在する市区町村の地域であると解されており、電子商店街はある市区町村の地域には該当せず、含まれないとされる。さらに、商店街で行われる懸賞であれば「一定の地域」であることは要しないが、ここでいう「商店街」とは、商店街振興組合法に基づき設立された商店街振興組合が該当する旨定められており（懸賞運用基準９項参照）、電子商店街は含まないものと解される。
　したがって、本問では「共同懸賞」による経済上の利益の提供に該当しないため、各ショッピングサイトが共同して行う場合、それぞれ、通常の懸賞規制および総付規制の範囲内で景品類を提供する必要がある。

（福島）

複数の景品企画を同時に行う場合

新商品の販売にあたって、期間限定で以下の内容のキャンペーンをウェブで同時に実施する予定です。

① SNS上の自社のアカウントをフォローしてくれた、または、自社の投稿に対して"いいね"をしてくれた一般消費者に対し、ポイントを提供

② 自社のECサイトにおける購入者のうち、抽選で当選した者に対し、値引クーポンを提供

③ 自社のECサイトにおける購入者のうち、キャンペーンに応募した者全員に対して、自社の実店舗で物品を提供

④ 自社の実店舗上において、購入するか否かにかかわらず、来店者全員に対して、物品（非売品）を提供

以上の場合において、それぞれ景品規制の対象となりますか。また、このように複数のキャンペーンを同時に行う場合に留意すべき点があれば教えてください。

A ①の経済上の利益の提供は、取引付随性が認められず、「景品類」に該当せず、景品規制の対象とはならない。他方で②、③および④の経済上の利益の提供は、取引付随性が認められ、「景品類」に該当するため、それぞれの提供方法に応じた規制を受ける。その上で、景品企画を同時に行う場合であって、「同一の取引」に付随して景品類の提供をするとき、同じ提供方法については提供する景品類の額は合算して景品規制の上限額を検討する必要がある。しかし、本件では「同一の取引」に付随して景品類を提供するものではないので、景品類の額と合算する必要はない。

1 「景品類」該当性

(1) ケース①について

アカウントをフォローすることに取引付随性が認められるか否かが問題となる。**取引付随性**とは、「取引を条件」とする場合だけではなく、経済上の利益の提供が顧客の購入の意思決定に直接結びつく可能性のある形、すなわち、「取引と関連」するものについても含まれる（**Q34** 参照）。

この点、単にフォローするのみであれば、これは取引との関連すらもないことから、取引付随性は認められない。また、消費者が"いいね"をしたのみであれば、購入の意思決定に直接結びつくとまではいえず、この場合も取引付随性は認められないと考えられ、景品類の提供には当たらない。したがって、ケース①の企画には景品規制が適用されない。

(2) ケース②について

商品を購入することが物品を提供するための条件となっている以上、取引付随性が認められることは明らかである。なお、クーポンの内容が値引きをするものであっても、懸賞による方法でのものは、「値引」に該当しない（**景品類定義告示運用基準**6(4)ア）。そして、抽選で当選した者に対して物品を提供することから、景表法上の懸賞に該当することとなるので、懸賞規制の範囲内で企画を実施する必要がある。

(3) ケース③について

商品を購入することが物品を提供するための条件となっている以上、取引付随性が認められ、景品類に該当する。キャンペーンに応募した人全員に提供されるものであるから、提供方法は総付に該当し、総付規制の範囲内で企画を実施する必要がある。

（4）　ケース④について

　購入を条件としていないものの、来店を条件としている以上、すぐに商品等を購入することができる状況の環境に呼び込んでいる。したがって、この場合に提供される物品は、来店した消費者の購入する意思決定への働きかけであると客観的に認められ、「取引と関連」し、取引付随性が認められ、景品類に該当する。そして、この企画では、すべての来店者に対して物品を提供することから、いわゆる総付による方法で経済上の利益を提供しているに該当することとなる（**総付告示運用基準**1項3号参照）。

②　懸賞企画と総付企画を同時に行う場合における景品規制

（1）　規制内容

ア　懸賞

　景表法上の懸賞（**Q34**参照）で提供できる限度額は、最高額について、取引価額が5,000円未満の場合は取引価額の20倍、取引価額が5,000円以上の場合は10万円となる。提供できる景品類の総額は、懸賞に係る予定売上総額の2％となる（消費税込）。

　なお、ここでいう、売上予定総額とは、合理的に算定したものであればよく、結果的に、実際の売上総額が売上予定総額を下回り、景品類の総額が売上総額の2％を超えたとしても直ちに問題となるわけではない（消費者庁「景品Q＆A」Q91参照）。

　また、ケース④のように、景品類として提供されるものが非売品であり、類似品も市販されていない場合には、景品類を提供する者がそれを入手した価格、当該景品類の製造コスト、当該景品類を販売することとした場合に想定される利益率等から、景品類の提供を受ける者が、それを通常購入することとした時の価格を算定し、その価格を景品類の価額とみなす（消費者庁「景品Q＆A」Q76参照）。

イ　総付

　景表法上の総付（**Q34**参照）で提供できる上限額は、取引価額が1,000円未満の場合は200円、1,000円以上の場合は取引価額の10分の2となる（消費税込）。

(2) ケース②③④を同時に行うことについて

前述のとおり、貴社のキャンペーン②、③および④は景品規制の対象となるが、懸賞と総付の双方に該当する場合、景品類の上限額はどのように解すればよいか。

まず、②は懸賞企画、③および④は総付企画であるところ、景品類の提供方法が異なるので、懸賞で提供する景品類の価額と、総付で提供する景品類の価額を合算する必要はない。

他方で、③および④は同じ総付企画であるため、「同一の取引」に対して景品類を提供する場合、総付規制の上限額の算定にあたっては景品類の価額を合算して算定する必要がある（総付告示運用基準1(5)ア）。ただし、本件では、ケース③はECサイトにおける取引を対象とし、ケース④はいわゆる来店景品であり具体的な取引を対象としているわけではないので、「同一の取引」とはいえず、ケース③および④で提供する景品類の価額を合算する必要はない。

③ その他の留意点

最後に、本キャンペーンを期間限定で行う場合には、当該期間を適切に表示しなければならない点にも留意する必要がある。

仮に期間限定のキャンペーンであるかのような表示が行われていたため、期間に限定があると思い、当該期間に商品を購入したが実はそのような期間の限定はなかったといった場合のように、取引条件について誤認を生じさせ、消費者の自主的かつ合理的な選択を阻害するとして、有利誤認表示（景表5条2号）に該当しうるためである（**Q17** 参照）。

（福島）

Q 36 無償取引と表示規制

　当社は、一般消費者に対する無償の情報サービス事業を計画しています。
①店舗サービスの紹介と共に、当該店舗に興味のある人が、②アルバイト募集情報も見られるような地域密着のサービスを予定していますが、当社が提供する情報が事実と異なった場合、当社は景表法上の責任を負いますか。

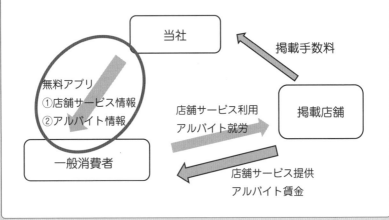

A　従来、無償取引への景表法の適用についてはあまり議論がされてこなかった。ただし、一見無償に見える場合でも、①一般消費者が利用したサービス代金の一部が手数料となって会社に支払われていると考えられる場合には、景表法が適用される。また、②一般消費者の支払いがないアルバイト情報の場合でも、近時、景表法を適用した事例があるため、景表法の適用がありうることに注意が必要である。

解 説

① 景品表示法の「取引」

(1) はじめに

　景表法は、一般消費者の商品選択を歪めるような不当表示や不当な景品を禁止する法律である。条文上、景品および表示のいずれについても「自己の供給する商品又は役務の取引について」という文言があるが（景表5条）、これは、従来、有償の取引を念頭に置かれていたと考えられる。以前は現在のように、インターネットが普及しておらず、一般消費者から金銭を収受しないタイプの取引が必ずしも多くなく、有償の取引を検討していれば足りたためであろう。

(2) 「取引」の典型——有償取引

　「自己の供給する商品又は役務の取引」に該当する典型的な取引は、商品の売買や、有償のサービス提供とされている。

　商品の売買の場合、一般消費者が直接金銭を支払うのは小売事業者であってメーカーが直接一般消費者から金銭を受領することは多くないが、そのような間接的な場合でも「取引」に該当する。したがって、例えばメーカーが商品パッケージに不当表示をした場合、メーカーは「自己の供給する商品……の取引について」、表示したこととなり、景品表示法上の責任を負う。

　なお、景品類にも「自己の供給する商品又は役務の取引」要件があり、当該要件は景品と表示で共通に解釈できると考えられるところ、景品類の指定告示の運用基準においては、「販売のほか、賃貸、交換等も、「取引」に含まれる」等の解釈が示されているが、無償取引を含むことは示されていない。

(3) 全体を判断しての「取引」——消費者庁立案担当者の考え

　次に、以下のような場合を考える。

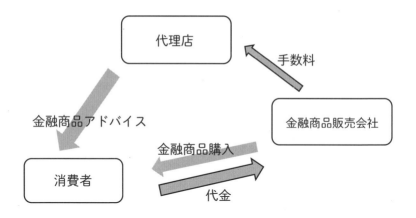

この例では、代理店から消費者に対する金融商品アドバイスには対価が存在しない。しかし、消費者が金融商品を購入する際に支払った金融商品代金の一部が手数料として代理店に支払われていれば、金融商品アドバイス料等の名目で金銭等を支払うことがなかったとしても、消費者、代理店、金融商品販売会社の三者の関係を総合的にみた結果、一般消費者と代理店との間に、金融商品アドバイスという役務の「取引」が存在するといって差し支えないと考えられる（西川康一編著『景品表示法〔第6版〕』（商事法務、2021年）50頁）。

ここでは、無償の金融商品アドバイスそのものが「取引」に該当するといっているものではない。「取引」は有償取引を意味することを前提に、一見無償アドバイスに見える場合でも全体を総合的に判断し、「取引」に該当すると考えているものと考えられる。

② 本問が有償取引と判断できるか

本件サービスでは、消費者に無償で①②情報を提供している。このうち、①掲載店舗のサービスを利用する場合には、上記①(3)と同様、消費者が支払った代金の一部が掲載手数料となり、消費者庁立案担当者の考えによれば、全体として有償取引と考えることができる。

しかし、②アルバイト情報の場合は、その後、アルバイト就労しても、

消費者（労働者）が掲載店舗に支払う金銭がなく、その一部が掲載手数料として本件会社に払われていると考えることはできない。また、消費者が受け取る賃金には全額払いの原則があり、相殺できる（控除・天引きできる）ものは労働者保護の観点から限定されているため、消費者が費用を支払っているが相殺処理されている、つまり、アルバイト情報の対価を、消費者が支払っているとは考えられない。

　以上から、本問の②アルバイト情報の場合は、従来の考え方であれば、景品表示法の適用がないこととなる。

③　本問と類似の事例に景表法が適用された例

　しかし、近時、消費者庁は、本問と同様の事例において、景表法を適用し、職業紹介事業を営む会社に対して措置命令をした（消費者庁措置命令令和4・4・27）。

　これは、一般消費者に就職支援サービスを無償で提供するにあたって、「就職率96％」「正社員」等の表示をしていたところ、実際には96％は職業紹介事業会社が任意に算定した特定の一時点における最も高い数値であり、また、職業紹介事業会社が紹介する就職案件には派遣業務への従事も含まれている等、「就職率96％」「正社員」等は不当表示（優良誤認表示）であり、景表法違反が認められたという事件である。

　なお、消費者庁がどのような法解釈から景品表示法を適用したのかについては、消費者庁が公表した措置命令書からは伺い知ることができない。しかし、当該措置命令を担当した担当官の解説によれば、無償のサービス提供であっても、消費者が経済的価値を有する個人情報などを反対給付としてサービス提供主体に提供している場合には、「取引」に該当すると解しているようである。

④　無償取引一般への適用

⑴　無償取引一般への適用の可能性

　上記の消費者庁担当官の考えを超えて、無償取引に景表法を適用することは可能か。

　「自己の供給する商品又は役務の取引」は文言上有償とも無償とも記載されているものではなく、有償性が文言上の絶対的な要請であるとはいえない。実際、無償取引も「取引」に含む解釈が可能であるとの議論はされている（染谷隆明「景品表示法の『取引』概念の再検討——無償契約は『取引』か」公正取引834号（2020年）34頁）。

(2)　無償取引一般に適用すると考えることの問題点

　景表法が適用される取引には無償取引を含むと解釈した場合には、対象が広がりすぎないかという問題がある。

　例えば、無償で提供されているインターネット検索エンジンサービス、無料のネットニュース等についての表示も景品表示法の対象となる可能性がある。また、従来、「自己の供給する商品」についての表示でないとして景品表示法の対象でないとされてきた、インターネットプラットフォームや広告サービス等に対しても、景表法上の目配りを要することになる可能性がある。

　上記のような広がりがあることを考えると、無償の取引にも景品表示法を適用すると考えることには一定の躊躇もある。

5　本問の検討

　以上のとおり、本問①には景表法の適用がある可能性が高い。また、本問②の場合でも、3の事例がある以上、景表法が適用されるとの前提で事業を計画する必要がある。

　さらに進んで無償取引一般についてはどうかというと、現時点では景表法の適用は明確にされていないと言わざるをえないものの、無償取引だから景品表示法の対象外であると安易に考えることなく、取引に関する表示が不当表示にならないよう注意する必要があると考えられる。

（土生川）

第4章

広告の終了

Q 37 アフィリエイターとの契約解除

当社は広告主から商品等に関する広告の依頼を受けアフィリエイト広告等を請け負っているのですが、当社からアフィリエイト広告等を依頼しているアフィリエイターが関連法令や利用規約を守らなくて困っています。このままだと炎上などによる広告主の商品等のブランド毀損のリスクも考えられるので、当社が広告主から責任を問われる前にアフィリエイターとの契約を解除するなど何らかの対処をしたいのですが、どのような方法があるでしょうか。また、その際に気をつけるべきポイントはあるでしょうか。

A　広告主から広告代理店やASP等のアフィリエイト広告を請け負っている者は、アフィリエイターが契約における景表法等の関連法令や利用規約に違反していれば、契約に従い指導ができ、また契約の解除ができる可能性がある。もっとも、当該指導や契約の解除にあたっては、独占禁止法および下請法に違反しないよう注意をする必要がある。

解説

1　アフィリエイト広告の概要

(1)　アフィリエイト広告の特性

アフィリエイト広告の定義等については Q18 を参照いただきたいが、ウェブサイト等を運営しアフィリエイト広告をする者をアフィリエイターといい、広告主とアフィリエイターの間を仲介する者を、アフィリエイトサービス・プロバイダ（以下「ASP」という）という。

まず、広告主は自己の商品等を広告してもらうため、アフィリエイター

等に広告を依頼できる広告代理店やASP（以下併せて「広告仲介事業者」という）に対して広告を依頼する。これに対し広告仲介事業者は広告主の代わりに全部または一部の広告の配信を請け負うことになる。

　この場合に、広告仲介事業者が広告主から請け負う業務は、形式的には広告を見る消費者に向けられたアフィリエイト広告等の配信であるが、実質的には広告主の商品等を購入してもらうための顧客を獲得するという業務を行なっているのであり、広告仲介事業者は広告主のために送客を行う業務を請け負っていると考えることができる。この場合、契約書の定め方にもよるが、アフィリエイターは広告主のために送客を行う業務を広告仲介事業者から請け負っているといえるのであり、その意味で広告主と広告仲介事業者の間の契約は役務提供の委託であり、広告仲介事業者とアフィリエイターの間の契約は役務提供の再委託であると考えうる。このため、広告仲介事業者とアフィリエイターの間には下請法が適用される可能性があるため、注意する必要がある。

(2)　アフィリエイト広告の契約解除が問題となる事案

　アフィリエイト広告で頻繁に見られる法令違反としては、まず、**景表法違反**が挙げられる。(i)商品・サービスの品質や性能に関して実際よりも著しく優良であるとサイトに掲載した場合には優良誤認表示（景表5条1号）として、(ii)商品・サービスの価格や条件に関して、実際よりも著しく良い価格や条件をサイトに掲載した場合には有利誤認表示（景表5条2号）として景品表示法違反となる。また、令和5年10月1日に施行されたステマ告示によれば、(iii)一般消費者にわからないように「広告主が自らの広告であることを隠したまま広告」を出稿した場合には、いわゆる**ステルスマーケティング**（ステマ）として景表法5条3号に該当し、景品表示法違反となる。アフィリエイターが広告主の商品等の広告を行った場合には、基本的には違反行為の主体として責任を問われるのは広告主となるため、注意が必要である。

　また、医薬品、化粧品、健康食品等、薬機法の対象となる広告商品の効能・効果等について虚偽または誇大な広告を行った場合には、薬機法違反

となる場合がある（ Q4 、 Q12 参照）。さらに、第三者が著作権を有する画像や文章、音楽等の著作物を、著作権者の許可なくサイトに掲載した場合には、著作権侵害となる場合があり、企業名やサービス名、ブランド名等を利用したリスティング広告の出稿等を行った場合には商標権侵害となる場合がある（著作権、商標権については Q2 参照）。これらの法令違反は、景品表示法違反と異なり、主体が広告主に限定されないので、行為者たるアフィリエイターも責任を問われうる。

　これらの法令に違反する場合や利用規約に違反する場合でも、広告仲介事業者はアフィリエイターとの契約において、法令違反、利用規約違反を理由とする契約の解除を行うことができることを定めていない場合、必ずしも契約の解除を行うことができるとはいえないため、広告仲介事業者はアフィリエイターとアフィリエイト広告に関する契約を締結する場合にはこれらの事情が契約の解除事由となることを明記しておく必要がある。その場合にも、前記のように独占禁止法・下請法の適用がありうるため、解除を行う際には独禁法・下請法に違反しないよう注意が必要となる。

② アフィリエイト広告の作成委託と下請法の適用

(1) 役務提供の再委託

　前記のようにアフィリエイト広告において、広告主と広告仲介事業者の関係、広告仲介事業者とアフィリエイターとの関係にそれぞれ送客を行う業務に関する委託関係が認められるのであれば、広告仲介事業者とアフィリエイターの間に**下請法**が適用されうる。

　下請法が適用されるか否かは、①取引当事者の資本金の区分と②取引内容の2点によって判断される。

(2) ①資本金要件

　下請法が適用される要件として、発注者（親事業者）である広告仲介事業者の資本金額に応じて、受託者（下請事業者）の資本金要件の額が変動する。親会社の資本金が5,000万円超の法人事業者の場合には、下請事業者は、資本金5,000万円以下の法人事業者または個人事業者であることが

要件となり、親事業者の資本金が1,000万円超5,000万円以下の法人事業者の場合には、下請事業者は資本金1,000万円以下の法人事業者または個人事業者であることが要件となる。

　下請事業者が個人事業者である場合には、親事業者の資本金に関係なく資本金要件を満たすことから、アフィリエイト広告を行っているアフィリエイターの多くが個人事業主であるとすれば、これらのアフィリエイターとの関係では資本金要件を満たすことになる。

(3)　②取引内容要件

　アフィリエイト広告等のデジタル広告においては、アフィリエイターがブログ等で文章や写真、動画、音声などを用い、広告主の商品・サービスを紹介することになるのであり、役務提供の委託（下請2条4項）に該当するかが問題となる。

　この点、広告仲介業者とのアフィリエイターの間の契約の定め方にもよるものの、純粋にブログ等を作成することが委託業務の内容となっているのであれば、それは情報成果物の作成委託（下請2条3項、6項）ということになると考えられる。もっとも、アフィリエイトの本質はアフィリエイトコンテンツの作成ではなく、ブログ等にアフィリエイトリンクを貼るなどして、広告主に送客する点にあると思われ、そのような義務は契約内容に含まれると解される場合が多いように思われる。このような役務を内容としていると解される限りにおいては、役務提供の委託に該当されると判断される場合がありうると考えられる。

③　下請法上の禁止行為

　下請法が適用される場合には、下請代金をその支払期日の経過後なお支払わない下請代金の支払遅延や、下請事業者の責めに帰すべき事由がないのに、下請代金の額を減ずる下請代金の減額等が禁止されることとなる。

　そのため、アフィリエイターが広告主の意向や広告仲介事業者の指示に従わずアフィリエイト広告を掲載している場合であっても、広告仲介事業者がアフィリエイターの責めに帰すべき事由があることを示すことができ

ない限り、下請代金の支払いを停止したり、下請代金の額を減額したりした場合、下請法違反に問われる可能性があるので、注意を要する。

④　独禁法違反

アフィリエイターが貴社の指導にも従わず、改善の見込みもない場合には、契約の解除を行うという選択肢もありうるが、この場合にも、親事業者である貴社が、下請事業者に対する取引上の地位が優越していることを利用して、取引を拒絶することを制裁の手段として用いる場合には、下請事業者であるアフィリエイターに対し不当に不利益を与えたとして、取引拒絶（一般指定2項）や優越的地位の濫用（独禁2条9項5号）の問題となる可能性がある。アフィリエイターとの契約を解除をする場合には、契約の解除に合理的な理由があることを書面として残したり、アフィリエイターとの交渉を行った結果を書面として残しておくなど、独禁法違反に問われないために慎重な対策をとっておくことが望ましい。

（林）

▶Column　独禁法・下請法違反の効力━━━━━━━━━━●

　独禁法に違反する契約は、無効と考えてよいのだろうか。契約に基づく履行請求を行う場合や、損害賠償請求に対する抗弁を主張する場合などにおいて、独禁法に違反した契約の私法上の効力が問題となる場合がある。この問題につき、岐阜商工信用組合事件（最判昭和52・6・20民集31巻4号449頁）において、最高裁は、「独禁法19条に違反した契約の私法上の効力については、その契約が公序良俗に反するとされるような場合は格別として、上告人のいうように同条が強行法規であるからとの理由で直ちに無効であると解すべきではない。」と判示している。

　すなわち、独禁法違反行為は強行法規違反であるが、私法上、当然に無効と考えられるわけではない。そして、どのような場合に無効となるのかの判断基準について、奥道後温泉バス路線事件（高松高判昭和61・4・8判タ629号179頁）において、高松高裁は、「独占禁止法の規定の性格は、その内容によってかなり異なっており、効力規定的要素が強いものから行政取締法規的要素が強いものまで種々様々であるから、独占禁止法違反の契約、協定であっても一律に有効または無効と考えるのは、相当でなく、規定の趣旨と違反行為の違法性の程度、取引の安全保護等諸般の事情から具体的契約、協定毎にその効力を考えるのが相当である。」としている。また、化粧品販売に関する事件（東京高判平成9・7・31判タ961号103頁）では、東京高裁は、「独禁法に違反する私法上の行為の効力は、強行法規違反の故に直ちに無効となるとはいえないが、違反行為の目的、その態様、違法性の強弱、その明確性の程度等に照らし、当該行為を有効として独禁法の規定する措置に委ねたのでは、その目的が充分に達せられない場合には、公序良俗に違反するものとして民法90条により無効となるものと解される。」としている。実務的には無効とされた事件が多い。

　一方、下請代金支払遅延等防止法（下請法）違反の場合の私法上の効力については、公序良俗違反は厳格に認定されており．公序良俗違反に当たるとして合意の効力が否定されるケースは少ない。下請法は独禁法の優越的地位の濫用規制の特別法として制定された法律であり、資本金と委託取

引の内容によって「親事業者」と「下請事業者」が形式的に定められ、親事業者と下請事業者間の取引に関して、発注書面の交付義務等の親事業者の義務に加え、支払遅延、減額、返品、買いたたき等の11類型の禁止行為を定めている。すなわち、優越的地位の濫用の未然防止という観点から形式的に定められた規制であり、取引の相手方に与える不利益が大きいとはいえない場合であっても下請法違反が認められる場合があることを考えると、独禁法違反行為より公序良俗違反が認められにくいと考えられる。

　例えば、東洋電装事件（東京地判昭和63・7・6判時1309号109頁）において、東京地裁は、下請法における親事業者の禁止行為の趣旨に照らして不当性の強い場合に公序良俗に違反して無効となる場合があり得ると述べているが、単に禁止行為に抵触するということだけで無効とならないとし、また、合意が公序良俗違反で無効となる等の事情がない限り損害賠償請求も認められない、としている。　その後、製造請負契約に関し、金額について当事者間で一度合意された後、親事業者が、下請事業者に帰責事由がないにもかかわらず、その請負代金額を減額させたとしてその合意の有効性が問題となった事件において、東京地裁（東京地判平成28・12・1ウエストロー2016WLJPCA02188006）は、当該合意が下請法に抵触するものであることを認定した上で、その有効性については、「合意に至る経緯や、合意された請負代金の額等を考慮して、上記条項の趣旨に照らして不当性の強い時には、本件代金合意が公序良俗に違反して無効となり得るというべきである。」との判断基準を示し、本件合意は不当性が強く公序良俗に違反して無効であると判断した。

　したがって、取引の相手方に下請法違反が認められると考えた場合でも、当該行為が私法上も当然に無効であると考えることはできず、事案の対応については慎重に検討する必要があるだろう。

（安井）

Q 38 インターネット広告の終了時期

インターネット上で以下の広告を行おうと考えています。注意すべきことがあれば教えてください。

(a) SNSで当社のアカウントを作り、一定時間が経過すると当該SNSに表示されなくなる動画サービスを利用した広告

(b) アフィリエイトサービスなど表示行為の一部を第三者に委託し、表示の変更や差し止めに第三者の協力を要する広告

A インターネット上の表示は、表示が掲載されたウェブページが削除されるまでの間、当該表示をするという行為が継続していると考えられる。

(a) SNS等において、一定時間の経過によって表示されなくなるサービスを利用する場合に、当該表示が表示されなくなることで表示行為は終了したといえる。もっとも、表示されている期間において、その内容が不当表示に当たる場合には、違反行為の事実は消えるわけではないため、不当表示に当たらないよう注意する必要はある。

(b) 第三者が行った表示が不当表示であった場合、表示に第三者が関与していることで、事業者が自由に表示行為の差し止めや変更ができないまたは困難なときには、具体的な事案に即して、当該第三者に対し表示行為を止める意思を明確に伝え、対応を求めることが必要である。

解 説

① インターネット上の表示の表示行為はいつ終了するか

インターネット上の表示は、一度掲載すると、当該表示が掲載されてい

るウェブページにアクセスすることで、いつでも見ることができるもので
あるがインターネット上の表示の表示行為はいつ**終了**するか。これは表示
が不当表示に当たるとして措置命令を受けた場合にどのようにすれば表示
行為を差し止めたとして措置命令を履行したこととなるのか、課徴金納付
命令を受ける場合にいつまでを課徴金対象期間として課徴金を計算するの
かを考えるにあたり、検討する必要がある。

　議論の出発点としては、表示が掲載されたウェブページが削除されるま
での間、当該表示をするという行為が継続していると考えられる。このよ
うに考えることは、消費者庁の「**不当景品類及び不当表示防止法第8条
（課徴金納付命令の基本的要件）に関する考え方**」第4・1⑵において、優
良誤認表示を内容とするウェブサイトの公開行為終了日が、課徴金対象行
為を「やめた日」に当たる旨が述べられていることとも整合する。ただ
し、表示を削除したと思っていても、キーワード検索などにより、イン
ターネット上では当該表示にアクセスできる場合もある。このような場合
には、表示行為は継続していると評価されるため、表示行為が終了したこ
とを確実に確認する必要がある。

② 　一定時間が経過すると表示されなくなる広告

　SNS等で、投稿から一定時間当該SNS等に表示された後、当該SNS等か
ら表示が消えるサービスがある。このようなサービスを利用した広告も、
その内容が不当表示に該当する場合には、景表法の措置命令等の対象とな
る。

　ここで、広告が一定時間を経過したために当該SNS等に表示されなく
なった場合には、広告が表示されなくなった時点で表示行為は終了したと
いえる。そのため、このようなサービスは、特に、時間の経過に伴って、
商品や役務の仕様の変更等により表示内容が不当表示になりうるような場
合のリスク管理として有用である。

　他方で、表示行為が終了したとしても過去の一定期間において表示を
行った事実がなくなるわけではない。そのため、ある表示が、表示されて
いた期間において、不当表示に当たる場合には、当該期間を対象期間とし

て措置命令等の対象となる。このため、一定時間を経過すると当該SNS等に表示されなくなるサービスを利用する場合でも、その表示内容が不当表示に当たらないように注意する必要がある。

③　インターネット上の広告と第三者

次に、インターネット上の広告といっても様々な形態が存在する。広告を表示するスペースを購入する場合にも、表示する内容を自由に定めることができるもののほか、表示の内容まで合意し自由に内容を変更できないものも存在する。加えて、アフィリエイトサービスのように、第三者に表示行為の一部を委託する等の場合もあり、事業者と表示を行う第三者以外にアフィリエイトサービスプロバイダー（ASP）など別の第三者が介在する場合も含めると、事業者と表示行為に関与する第三者との関係は多岐にわたる。そして、このような場合でも、事業者が当該表示内容の決定に関与しているとして、当該表示が事業者の表示であると評価される場合も少なくない（ Q18 も参照）。そこで、以下では、インターネット上の表示行為に第三者が関与する場合に、事業者が表示行為をやめたというためにはどのような対応が求められるのかを検討する。

(1)　事業者が表示内容を自由に変更できる場合

この場合には、事業者（広告主）は自由に表示を差し止めることができるのであるから、表示を継続している間、表示行為を継続している。したがって、事業者は、不当表示に当たる表示を速やかに削除するなどして表示行為を終了すべきである。

(2)　事業者が表示内容を事後的に変更することができないまたは困難な場合

インターネット上の表示内容について第三者と合意している場合や、表示行為の一部を第三者に委託している場合など、表示に関与する第三者との関係から、事業者が、表示の差し止めや変更を自由に行うことができないまたは困難な場合に、事業者にはどのような対応が求められるのか。

ア　事業者は何を行うべきか

このような場合、事業者は、当該表示に関与する第三者に対し、当該表示をやめる意思を明確に伝え、差止めや変更に向けた対応を求める必要がある。ここで誰に、どのような態様で、どのような内容を伝えると、表示をやめる意思を明確に伝えたといえ、表示行為を「やめた」と評価されるかは、具体的な事案における事実認定の問題であって、契約内容や表示に関与している第三者との関係性などの事案に応じた判断が求められる。加えて、事業者が、当該表示の当初の内容を自ら決定していたり、長期間に渡って容認してきたなど、当該表示により積極的に関与したといえる事情があれば、事業者に求められるべき対応もより大きなものとなると考えられる。

イ　事業者が伝えるべき相手と伝えるべき事項

事業者が表示をやめる意思を伝えるべき相手として、事業者が当該表示を変更したり差し止めることの妨げとなっている第三者が考えられる。その際には、当該第三者との間に適用される広告を出稿する際の契約や、アフィリエイトサービスの規約等に基づいて、表示の変更や差し止めを求めることが考えられる。もしも、表示行為を行う第三者との間にASPなど異なる第三者が介在しており、直接の取引関係がないような場合には、介在する第三者に伝え、共同しながら対応すべきことも多いであろう。

当該第三者に伝えるべき事項は、その関与の態様によるものの、少なくとも、対象の表示を特定した上で、求める対応を具体的に明確にして、期限とともに伝えるべきである。

ウ　当該表示をやめるように伝えても表示行為が終了しない場合の対応

事業者が、上記のように伝えたとしても、表示に関与する第三者がそれに応じない場合も考えられる。この場合でも、表示を止めるように明確に伝えることで、事業者が表示の差止めのために可能な手を尽くしたといえるのであれば、当該表示は、事業者の表示ではないと評価されうると考えられる。

もし、事業者の対応が不十分であり、事業者も当該表示行為を継続して

いると評価されたとしても、表示行為を取りやめるよう一定の手段を講じていることは、事業者の悪質性を低下させ、措置命令等の具体的な判断に影響を与える可能性もある。

　加えて、事業者が然るべき第三者に対し表示行為をやめる意思を明確に伝え対応を求めたにもかかわらず、当該第三者がそれに応じないことが、事業者の営業を妨害しているとして民法上の不法行為に基づき損害賠償を求めることができる場合もあると考えられる。

　以上を踏まえて、具体的な事案における表示内容やレピュテーションリスクなども考慮して、弁護士名義での連絡や、仮処分などの法的手続を検討すべき場合もありうる。

（山本）

第5章

広告とトラブル

Q 39 競合他社のインフルエンサー広告への対応

競合他社が自らの商品について、インフルエンサーを利用してSNSにおいて広告を行っているのですが、その内容が景表法に違反（優良誤認表示、有利誤認表示、ステルスマーケティング等）しているのではないかと考えています。このインフルエンサーの広告について、何かできることはないでしょうか。

A 広告主である競合他社が、当該インフルエンサーの広告の表示の内容の決定に関与していた場合には、景表法上、その表示の主体に当たる。そのため、当該インフルエンサーの広告が景表法上の不当表示に当たると考えられる場合には、その競合他社が景表法の適用対象となるので、消費者庁や地方公共団体に景表法違反の疑いがあることを申告することが考えられる。また、不正競争防止法の不正競争や民法の不法行為に該当する場合には、競合他社に対し差止めや損害賠償を求めることも考えられる。

解説

1 消費者庁、都道府県への申告

まず、景表法の執行権限を委任されている消費者庁長官、都道府県知事に対し、競合他社によるインフルエンサーの広告が不当表示に当たる疑いがある旨を申告することが考えられる。Q40 のとおり、消費者庁には年間1万件を超える外部からの景表法違反被疑の情報提供がなされている。このため、消費者庁に事案を取り上げてもらうためにも、丹念な事実確認、的確な法令の適用の摘示が必要となる。

(1)　広告の表示の主体は誰か

　不当表示を禁止する景表法5条は、「事業者は、自己の供給する商品または役務の取引について、次の各号のいずれかに該当する表示をしてはならない。」（景表5条1項柱書）と規定している。このことから、ある事業者が同条の優良誤認表示（1号）やステルスマーケティング等（3号）といった不当表示規制の適用対象となるためには、①当該表示に係る商品または役務を供給する事業者であり、かつ、②当該「表示をし」た事業者である必要がある。

　上記②の「表示をし」たといえる事業者とはどのような者か。これについてベイクルーズ事件（東京高判平成20・5・23（平成19年（行ケ）第5号）。その後上告不受理により確定。）の裁判例の考え方が実務に定着している。

　この裁判例の事案では、小売業者が、輸入業者から輸入した衣料品を購入し一般消費者に販売するにあたり、輸入業者から原産国がイタリアである旨の説明を受けた上で、輸入業者に対し原産国を記載した品質表示タグ等の作成および取付けを委託し、それらを取り付けた商品を販売していたものの、実際の原産国はルーマニアであったため当該タグ等に不当表示に当たる表示が含まれていた。裁判所は、「表示内容の決定に関与した事業者」が不当表示を行った者に当たると解すべきであると判断した上で、「『表示内容の決定に関与した事業者』とは、『自ら若しくは他の者と共同して積極的に表示の内容を決定した事業者』のみならず、『他の者の表示内容に関する説明に基づきその内容を定めた事業者』や『他の事業者にその決定を委ねた事業者』も含まれるものと解するのが相当である」と判断した。そして、輸入業者の説明を受けて、原産国がイタリアであると記載された品質表示タグ等を取り付けた商品を販売していた小売業者が不当表示を行った事業者に当たると判断した。

(2)　インフルエンサーが広告を作成して掲載していた場合の考え方

　インフルエンサーによる表示に問題がある場合には、誰が景表法上の不当表示規制の適用を受けるか。

ア　広告主

広告主は、当該表示に係る自らの商品または役務を供給している。

そこで、広告主が、インフルエンサーによって作成された表示内容の決定に関与し、「表示をし」たといえる場合には、景表法の不当表示規制の適用を受ける。インフルエンサーに広告を依頼する際に、アフィリエイトプログラムを利用して広告を依頼する場合には、アフィリエイターにも当たり、後述のとおり表示内容の決定に関与したと評価される可能性が高い。すなわち、一般に、アフィリエイトプログラムを用いたケースでは、広告主が、アフィリエイターに対し、アフィリエイトプログラムに定められた条件で、自らの商品または役務についての表示内容の決定を委託していると評価され広告主も表示主体として景表法の適用を受けることが多いと考えられ、広告主が当該広告の表示の主体ではないと判断される事例は限定的である。そのため、自らがアフィリエイトプログラムを利用する場合にはアフィリエイターの表示が不当表示にならないよう適切な管理が必要である（詳細は **Q18** 参照）。

イ　インフルエンサー

次に、インフルエンサーは、不当表示に該当する自らの口コミやブログ等の表示の内容を決定しているため、「自ら積極的に表示の内容を決定し」ている。

しかしながら、インフルエンサーは、通常、当該表示が内容とする商品または役務を「供給」してはいないため、広告主と共同して当該商品または役務を一般消費者に供給していると認められる実態にある等の例外的な場合を除いて、景表法の不当表示規制の適用を受けない。

② 不正競争防止法に基づく民事請求

次に、競合他社がインフルエンサーを利用して表示する広告に、商品や役務の品質や内容等について誤認させるような表示が含まれている場合には誤認惹起行為（不競2条1項20号）を行っていたとして、虚偽によって営業上の信用を害された場合には虚偽事実の流布（不競2条1項21号）として、「不正競争」に当たる。そして、不正競争によって営業上の利益を

侵害された場合には、損害賠償（不競4条）や差止め（不競3条）を求めることができる場合がある（例えば、知的財産高等裁判所平成18年10月18日（平17(ネ)第10059号）参照）。

③ 不法行為に基づく民事請求

上記の他に不法行為（民709条）に基づいてそれらの行為によって生じた損害の賠償を請求することもありうる。

④ 本問のまとめ

以上のとおり、競合他社のインフルエンサー広告に問題がある場合、景表法、不正競争防止法、民法に基づく対応が考えられる。いずれの方法を採る場合であっても、目的を達成するためには事案を精査して効果的に主張を組み立て、伝えることが重要であり、必要に応じて専門家に相談することが望ましい。また、自らが第三者を利用して広告を行う場合には、自らが措置命令等の対象とならないようその表示内容にも注意する必要がある。

（山本）

第5章

広告とトラブル

Q 40 景表法違反調査の端緒

当社は、あるプラットフォーマーが運営するECモール（以下「本件ECモール」という）で商品αを販売しています。競合企業であるA社は、本件ECモールで、商品αと競合する商品βを販売しているのですが、ある時から本件ECモール上で商品βに好意的な商品レビューが急増し、同時期に商品αの売上が落ち始めました。当社は、A社が商品レビュー欄において景表法上違反であるステルスマーケティングを行っているのではないかと疑っており、景表法上の措置を消費者庁に求めたいのですが、留意点を教えて下さい。

A A社がステマを行っていると疑うべき合理的な根拠がある場合、A社が景表法違反の行為をしている疑いがあるとして、当局に対して情報提供を行うことが考えられる。ステマを行っていることの根拠を見つけるために、本件ECモールの運営事業者に協力を依頼することも考えられるが、実際は難しいことが多い。

解説

1 景表法違反の調査の端緒

ステルスマーケティング（ステマ）について、当局（消費者庁長官または都道府県知事。なお、公正取引委員会等も一定の調査の権限を有している。）は調査を経て措置命令を行うことができる（景表7条1項、38条11項。ステマについて詳細は Q3 参照）。当局が法令違反に関する調査を開始するきっかけは「調査の端緒」と呼ばれている。景表法違反に関する調査の端緒には、外部（競合事業者、一般消費者等）からの情報提供、事業者による自主

報告（景表9条）または職権探知（当局が独自に行う情報収集）等がある。

　令和4年度に国が新規に調査に着手した景表法違反に関する調査（189件）の端緒は、外部からの情報提供が137件、事業者による自主報告が4件、職権探知が48件だった（消費者庁「令和4年度における景品表示法の運用状況および表示等の適正化への取組」）。なお、同年度における外部からの情報提供の総数は、14,410件であり、外部からの情報提供は年々増加する傾向にある。

② ステマに関する情報提供の方法

　ステマの疑いがある事実に関する当局に対する情報提供は、消費者庁ウェブサイト上の「ステルスマーケティングに関する景品表示法違反被疑情報提供フォーム」を利用して消費者庁に対して行うことができるほか、消費者庁または公正取引委員会地方事務所等に対して郵送または電話によって行うこともできる（都道府県への情報提供も可能である。その方法は、各都道府県のウェブサイト等に記載されている）。

③ 提供すべき情報

　ステルスマーケティングに関する景品表示法違反被疑情報提供フォームでは、ステマ告示に該当する疑いがある行為を行っている事業者の会社名または名称のほか、以下の事項が必須記載項目とされている。

- ・表示媒体（例：「○○」と称するSNS、「□□」と称するアフィリエイトサイト、「××」と称するECサイトのレビュー欄等）
- ・表示時期（例：令和○年○月頃から令和○年○月頃まで）
- ・対象となる商品またはサービス（例：△△という商品（またはサービス）について）
- ・その表示内容（例：□□という表示）
- ・表示から受けた印象（例：○○のため（当該印象を受けた理由）、「□□」と称するアフィリエイトサイトの運営者の表示（口コミ・感想）であるという印象を受けた。）

第5章 広告とトラブル

213

> ・実際にはどうか（例：実際には、○○のため（事業者による表示であったと考える根拠）、△△の販売事業者（冒頭に記載いただいた本件疑いがある行為を行っている事業者）である株式会社××による表示であった。）

　また、必須記載項目とはされていないが、他には「事業者からの依頼内容」の記載欄（「本件疑いがある行為を行っている事業者から、報告者自身に上記表示を行うよう依頼があった場合、または報告者以外の第三者（例：表示媒体であるアフィリエイトサイトの運営者等）に依頼があったことを把握している場合には、依頼の時期（関係が継続している期間）、手段、依頼の目的・内容、対価の有無等の具体的な内容」を記載することとされている。）や、「裏付ける根拠資料の内容」の記載欄（例：事業者からの依頼、対価等のやり取りを示す資料（依頼文書、メール、金銭や物品その他の経済上の利益等対価の内容等）を記載することとされている。）がある。

　記載に際しては、一般消費者にステマによる誤認の被害が生じていることを強調した上で、その事実を裏付ける資料を提出することが望ましい。また、ステマが他の不当表示の類型（優良誤認表示等）にも該当する場合は、その旨も記載することが考えられる。

　これらの情報は当局による調査にとって必要または有益な情報であるため、上記フォーム以外の方法による情報提供の場合も同様の情報の提供を行うことが望ましいといえる。

④　ステマに関する情報提供

　ステマ告示の表示に当たるためには、「事業者が自己の供給する商品または役務の取引について行う表示」であることが必要となる。ステマは、（特にステマを行う事業者がその表示の違法性を認識している場合には）「事業者が自己の供給する商品または役務の取引について行う表示」であることが露見しないよう注意して行われるであろうから、ある表示がステマであると疑われることの根拠を当局に示すことは容易でない場合が多いと考えられる。

　そこで、当局への情報提供に当たっては、ある表示がステマであると疑われる根拠を示す方法を検討することが必要となる。

　例えば、問題の事業者からステマを依頼されたユーザーやインフルエンサー、または当該事業者の元従業員等の関係者の供述や、不正な商品レビューを有償で依頼するSNS上の投稿やダイレクトメールの存在等は有力な根拠となりうる。

　また、一般消費者による口コミが投稿されるマッチングプラットフォーム運営事業者においては、当該店舗・施設の評価がある時点から極端に上がっていないか、当該店舗・施設のクチコミ投稿率が極端に高くないか、来店からクチコミ投稿までのリードタイムが極端に短くないか、当該店舗・施設、利用者等のIDの過去の操作履歴に不正と判断されるものがないか等の観点からステマの調査を行うことがあるようであり、これらの観点を参考とできる場合もあると思われる（第3回「ステルスマーケティングに関する検討会」（消費者庁）の資料4（15頁））。

⑤　本問の検討

　商品βに対する本件ECモールでの好意的な商品レビューの増加の態様が明らかに不自然であれば、それ自体からステマであることが疑われるとして当局に情報提供を行うことも考えられる。もっとも、好意的なレビューの増加は、適法な販促活動による商品βの売上増加によるものである可能性もあり、それのみによっては当局の調査開始を期待できない場合もある。

　このような場合には、一般消費者にステマによる誤認の被害が生じていることを裏付ける資料の提出を検討することとなる。そのために、一般論としては、本件ECモールの運営事業者に対し、商品βに関するステマが行われている疑いがあるとして、調査への協力を依頼することも考えられる。運営事業者の協力が得られ、その調査の結果としてA社によるステマの存在をうかがわせる根拠が得られた場合には、当該調査結果も合わせて当局に提出することで、当局による調査開始の可能性を高めることができるが、実際にこのような協力を得ることは多くの場合で難しいことが想定

第5章

広告とトラブル

される。

　なお、ECサイトの中には、利用規約等において、販売事業者がユーザーに対し、肯定的な商品レビューだけを書くよう依頼することや、報酬を提案して商品レビューの依頼をすることを禁止し、違反に対してアカウントの停止や不正なレビューの削除等を行いうるとしているものもある。本件ECモールの利用規約等にそのような定めがある場合は、A社によるステマの可能性を運営事業者に対して伝えることにより、本件ECモールにおいては問題の商品レビューの削除等が行われる可能性もある。もっとも、本件ECモールの運営事業者によるそのような対応は、A社が他のECサイト等でもステマを行っている場合に、そこでのステマを是正することに直接にはつながらないという限界はある。

（田中）

Q 41 不正アクセスと情報漏えい

　当社は、通信販売サイトを運営し、商品の発送を目的として、顧客の氏名・住所・電話番号をリスト管理し、また、WEBマーケティング目的で顧客IDに紐づいた端末識別子、Cookie、広告IDも管理しています。以下の事案が起こりました。当社はどのような対応が必要になるでしょうか。

(i)　顧客リストが保存されている当社管理サーバに対して、不正アクセスが発生した。

(ii)　ウェブサイト管理を任せている委託先が、保守の際に設定を誤り通販サイトに関する情報が保存されたサーバ内の顧客情報（クレジットカード情報を含む。）が外部から閲覧可能な状態だった。

A　自社で扱う個人データに不正アクセスや外部閲覧等漏えいの疑いが生じた場合には、まず事案を正確に把握（事実調査・原因究明・影響範囲の特定等）し、被害拡大を防止する必要がある。個人の権利侵害のおそれが大きな事案の場合、実施期限のある漏えい報告義務や本人への通知義務の検討を要する。また、プレスリリースの要否・タイミング、再発防止策の検討、本人への補償の要否、裁判対応等も念頭に置かなければならない。

解説

① 漏えい事案と令和２年改正個人情報保護法

(1) 個人情報保護委員会への漏えい報告の義務化

　令和２年改正前は、漏えい、滅失、毀損（以下「漏えい等」という）が発生した際の個人情報保護委員会（以下「PPC」という）への報告は、告示

において「速やかに報告するように努める」とされるに過ぎず、報告をしなくとも何らの法的不利益を受けることはなかった。

しかし、個人情報保護法令和２年改正では、PPCが漏えい等を早急に把握し、必要な措置を講じる必要があるとし、**「個人の権利利益の侵害のおそれが大きい事態」**（現在４類型が個情委規則で規定されており、詳細は後述(4)参照）については、報告が義務付けられた。令和３年度上半期の漏えい等事案の受付件数は517件であったが、令和４年度上半期は1,587件となっており、改正の影響を大きく受けている。特に不正アクセス事案の数が増えておりPPCも注意喚起等を積極的に行っている。

また、本人が漏えい等の発生を認知することで、本人が自らの権利利益の保護に必要な措置を講じられるように、本人への通知も義務付けられ（個人情報26条）、本人による個人情報の利用停止等請求（個人情報35条）に実行性を持たせている。

(2)　「漏えい」の考え方

個人データの「漏えい」とは、個人データが外部に流出することをいう。例えば、個人データが記録されたサーバが外部から閲覧可能な場合、不正アクセス等により第三者に個人データを含む情報が窃取された場合等が漏えいに該当する。もっとも、個人データを第三者に閲覧されないうちにすべてを回収した場合やログ上閲覧されていないことが確認できる場合は「漏えい」に該当しないと考えられている。

(3)　漏えい等事案が発覚した場合に講ずべき措置

漏えい等またはそのおそれのある事案が発覚した場合は、事案の内容等に応じて、①事業者内部における報告および被害の拡大防止、②事実関係の調査および原因の究明、③影響範囲の特定、④再発防止策の検討および実施、⑤PPCへの報告および本人への通知、について必要な措置を講じなければならない。

⑷　報告対象となる事態

　漏えい等が発生した場合、「個人の権利利益を害するおそれが大きいもの」として規則で定める事態が生じたときは、報告義務および本人への通知義務が生じる。具体的には①要配慮個人情報が含まれる個人データの漏えい等が発生した（または発生したおそれがある（以下同じ））事態（個情委規則7条1号）、②不正に利用されることにより財産的被害が生じるおそれがある個人データの漏えい等が発生した事態（個情委規則7条2号）、③不正の目的をもって行われたおそれがある個人データの漏えい等が発生した事態（個情委規則7条3号）、④個人データに係る本人の数が千人を超える漏えい等が発生した事態（個情委規則7条4号）である。例えば、事例(i)のように自社のWEBサイトの管理サーバに不正アクセスがあり、顧客情報が閲覧された可能性がある場合は③に、事例(ii)のようにクレジットカード情報の漏えいについては②に、該当する可能性もある（割賦販売法上の安全管理の問題も生じうる）。なお、デジタル広告の場面では個人データに該当しない広告ID等とそれに紐づく利用履歴のみが漏えいしたと評価できる場合もありうる。漏えい報告の対象は個人データであるため、PPC対応や本人への通知等の要否を検討する上で、専門家による確認が望ましい。

⑸　委託先で漏えいが発生した場合の報告主体

　漏えい等の報告義務を負う主体は、漏えい等が発生し、または発生したおそれがある個人データを取り扱う個人情報取扱事業者である。個人データの取扱いを委託している場合、委託元と委託先の双方が個人データを取り扱っていることになり、報告義務が生じる場合には、原則として委託元と委託先の双方が報告する義務を負う。なお、委託元は委託先における個人データを監督する義務を負っている（個人情報25条）ので、委託先が委託元に当該事態が発生したことを通知したときは、委託先は報告義務を免除される（個人情報26条但書）。事例(ii)は、委託先の通知を前提に委託元が報告主体となるのが通常である。

(6)　報告事項・通知事項

漏えい等の報告義務が生じる場合、速やかに（概ね3日から5日）、PPCに対し、①概要、②漏えい等が発生し、または発生したおそれがある個人データの項目、③漏えい等が発生し、または発生したおそれがある個人データに係る本人の数、④原因、⑤二次被害またはそのおそれの有無およびその内容、⑥本人への対応の実施状況、⑦公表の実施状況、⑧再発防止のための措置、⑨その他参考となる事項（個情委規則8条）を把握している範囲で、また、報告義務が生じる事態を知ったときから30日以内（不正アクセス等（個情委規則7条3号）の場合は60日以内）で報告しなければならない。

なお、本人への通知に関しては上記のうち①②④⑤⑨に関する事項を「**当該事態の状況に応じて速やかに**」行う必要がある。この点、例えば、必要な初期対応が完了しておらず、本人通知によりかえって被害が拡大するおそれがある場合には、その時点で通知を行う必要はないと考えられている。また、本人通知を要する場合であっても、通知が困難である場合は、本人の権利利益を保護するために必要な代替措置を講ずることが認められており、プレスリリース等を公表することや問い合わせ窓口を設置する対応も認められている（個人情報26条2項、個情委規則10条）。

(7)　義務違反等に対して

漏えい等報告および本人への通知に関しては、報告および立入検査（個人情報146条）、指導および助言（個人情報147条）、勧告および命令（個人情報148条）の措置が講じられる可能性があり、また、命令違反に対する罰則（個人情報178条）、報告における虚偽や検査を拒んだ場合等の罰則（個人情報182条）の規定により担保されている。

②　プレスリリース

本人への通知義務の代替手段にもなるものだが、二次被害防止等のために、漏えいに関するプレスリリースを行うことは一般的に行われている。そこでは、冒頭で謝罪文を記載した上で、公表時点における調査状況、調

査の結果（事案の内容や経緯、原因等）、問い合わせ窓口や再発防止策等を記載することが一般的である。

③ 本人への補償・裁判例

　本人への補償額をどの程度にするかは、被害を受けた個人の数や個別の事案に応じて検討されるべきものである。500円から1,000円程度の金券等を補償として配った例もある（ベネッセ事件等）。本人への補償は、金額の僅少さにより賛否両論あるが、炎上リスクとの関係では、金額の多寡よりも、早い段階で会社として説明義務を尽くし誠意を見せるということのほうが効果が見込まれる。

　また、個人情報の漏えいを原因としてなされた慰謝料請求もさまざまな裁判例がある。一人数千円から数万円程度の賠償額のものもあれば、漏えいした情報が本人の病歴等に関するものであり、その態様の悪質性等の事情により高額な賠償が認められる事例も存在する。不正アクセスによる漏えい事案の場合は、安全管理措置における注意義務違反の程度によるが、一人当たりの賠償額が低額でもその影響範囲が大きい場合、会社として負担する額が巨額になることがある。

（今村）

第5章

広告とトラブル

Q 42 広告費の水増し請求への対応

当社はデジタル広告を利用している企業であり、広告の内容自体には問題はないと考えているのですが、広告の表示数やクリック数が増加している割に商品の売上が伸びていません。広告費ばかりがかさんでしまっている状況なのですが、デジタル広告で成果を上げるために広告費の観点から注意しなければならないことはありますか。

A 広告のクリック数や表示数ばかりに気を取られ、広告の質よりも量を重視しすぎると、結果として広告費を詐取されるアドフラウドやブランドセーフティの問題、ビューアビリティの問題が生じるおそれがある。広告主としては、デジタル広告は広告主が広告の配信先をコントロールすることは難しいという実態を踏まえ、広告代理店や広告仲介事業者、直接広告の配信を可能にするプラットフォーム事業者（以下本設問中では「広告事業者」という）の規約がある場合には、アドフラウドと思われる事案があった場合に広告主が広告事業者に対して支払いに関する異議を唱えることができるのか等、契約内容をよく確認しておくことが必要となる。また、広告事業者と交渉が可能な場合には、契約条項にアドフラウドの責任の所在を明確にする条項を事前に盛り込む等、広告費につきリスクヘッジができるよう対策をとっておくことが重要である。

┃解┃説┃

1 拡大するデジタル広告市場と問題点

デジタル広告費は2022年には年間3.9兆円を超えており、2019年以降は

テレビメディア広告費を抜いて日本の広告費全体の4割を超えるまでになっている（「2022年 日本の広告費 インターネット広告費媒体費詳細分析」（2023年3月14日　株式会社電通））。

　そのような中、特に高い伸びを示しているのは検索連動型広告やデジタル・プラットフォーム、アドネットワークを通じて入札方式で取引される運用型広告であり、これらの広告は2021年と比べても1年間で115％を超える伸び率を示している。一方で、アドフラウド対策ツールを提供するSpiderLabs社の調査では、自動化プログラム（bot）等によって実際のユーザーによるものではないクリックやインプレッションを発生させ、広告主から不当に広告収入を得る行為である**アドフラウド**の2022年の国内の被害額は、1,335億円を超えると算出した。

　また、Integral Ad Science社の調査によれば、2020年上半期時点における日本国内のデジタル広告配信の現状として、アドフラウド対策済みの配信においてでさえ2.8％のアドフラウドが存在しており、グローバル平均の3.5倍、計測を行った国の中では最下位の数値となっていることを示している（「デジタル広告の取引実態に関する中間報告書」（2020年4月公正取引委員会））。

　このように日本国内で多大な被害が発生している原因としては、デジタル広告の取引において広告主がクリック単価効率を重視した広告の買い方をする場合が多い等業界全体での対策意識が高まっていないため、日本が国外の悪質な事業者から狙われているからであるとの指摘もあり、各事業者による自衛が必要な状況となっている。

　さらにデジタル広告を運用する上でアドフラウドと並んで注意が必要なのが、広告主のブランドイメージの確保というブランドセーフティの観点、広告の閲覧者による視認可能性の確保というビューアビリティの観点であり、これらの総合的な対策が必要となる。

② アドフラウドが問題となる事案

　アドフラウドにもさまざまな種類がある。代表的なものとしては①ウェブページ上のユーザーからは見えにくい部分に複数の広告を挟み込んで表

示させ、広告の表示数を水増しさせる隠し広告、②高頻度でリロードを繰り返すことにより、多数の広告を表示させる自動リロード、③他社のウェブサイトを閲覧しているときに、さもそのウェブサイトに関連する広告かのように表示をさせる不正な広告のすり替え、④ブラウザ自体をプログラミングすることにより自動的に広告の表示数やクリック数を水増しさせるプログラミングによる成果の偽装、⑤ユーザーの使っているデバイス自体に入り込み、不正プログラムに感染させて広告を表示させる個人端末の乗っ取り等がある。

　これらの手法を行う事業者は、民事上の不法行為責任（民709条）を負ったり、場合によっては刑法上の詐欺罪（刑246条）に当たる違法な行為をしていることとなるが、アドフラウドは日々その形を変えており、広告主自身が広告の配信先までチェックすることは容易ではない。また、昨今話題となった漫画の海賊版まとめサイトである漫画村事件等、アドフラウドに加えてブランドセーフティ、ビューアビリティが併せて問題となることも多い。このような問題を未然に防ぐため、広告主が広告事業者との契約にあたって行うことができる対策としては、以下のものが挙げられる。

③　本問における具体的な対策

(1)　契約条項におけるアドフラウドに関する責任の明確化

　広告主が広告事業者と広告の配信に関する契約を締結する際、アドフラウドに関する契約条項を手当しないまま契約を締結してしまうと、アドフラウドによって生じた損害を広告主が被るおそれがある。また、適切な監視体制を敷かない場合には、アドフラウドにより知らない間に広告費を搾取されていたという事態に陥りかねない。

　そこで、広告主が広告事業者と契約を締結する場合にできる限りアドフラウドに関する義務・責任の範囲や広告主の請求権の内容等を明確にしておくことが望ましい。例えば、検索連動型広告を運用する広告事業者がアドフラウドによる被害の防止のためにどのような監視体制を構築する義務があることとするのか、監視を怠りアドフラウドにより損害が生じた場合の広告事業者の責任、アドフラウドによる被害が発覚した場合の広告の課

金対象からの除外および事後的な広告費用の広告主への返還義務の存否、広告事業者による広告配信先・広告数等の情報の報告・開示義務等の規定等が定められているかを確認しておくべきである。

　これらをあらかじめ契約条項として明確にしておくことはアドフラウドの被害が生じてしまった場合に広告主に損害が生じることを防ぐだけでなく、広告事業者に対しても広告主からアドフラウドによる損害等を請求されないよう適切に広告配信先を監視するインセンティブを働かせることになり、アドフラウドによる被害自体を防止する上で相互にメリットのある内容となるといえる。

　また、広告事業者の中にはプラットフォーム事業者のようにウェブページ上の利用規約に同意することにより契約を締結することとなっている場合等もあり、個別の契約交渉が難しい場合も想定される。そのような場合には、広告事業者の利用規約においてアドフラウドの被害が生じた場合の責任や対策が明記されているか、後述のようなアドベリフィケーション対策ツールを導入しているか等を比較しながら広告事業者を選ぶようにするとよい。

　一般社団法人デジタル広告品質認証機構（JICDAQ）は、デジタル広告の品質課題のうちアドフラウドを含む無効配信の除外と、広告掲載先品質に伴うブランドセーフティの確保の品質認証に取り組んでいるため、当該団体から品質認証事業者として認証がなされている広告事業者かという観点からも参考にするとよいだろう。

(2)　アドベリフィケーション対策ツールの活用

　アドフラウドの被害が疑われる場合、広告主は自社において広告配信後の実績データを確認し、表示回数は多いが商品の購入等のその後の行動に繋がっていないIPアドレスを解析した上で個別にブロックしたり、配信先の広告効果を精査して非効率な広告については配信先から除外する等の対策は可能である。しかし、これらの対策を広告主がすべて行おうとすると多大な手間がかかり、現実的ではない場合も多い。

　そこで、アドフラウド等の検知ツール、いわゆるアドベリフィケーショ

ン対策ツール（以下「対策ツール」という）を導入している広告事業者を選ぶようにしたり、広告主が自ら対策ツールを導入することにより、不正アクセスをブロックし、アドフラウドによる被害を未然に防止することができる。これにより実在するユーザーからのアクセスだけを集めることができ、顧客当たりの広告費単価を下げることができる上に、またどのような広告の配信をすれば顧客獲得につながるのか判断できるようにもなる等、広告運用の改善の効果も期待できる。

　さらに、閲覧者には認識ができない隠し広告の検知を行い、広告効果のない広告表示を検知したり、不正な広告のすり替えを防ぐことにより違法なウェブサイト上で広告主の商品が広告されることを防ぐことができ、ブランドセーフティやビューアビリティの観点から効果が期待できる。

　もっとも、対策ツールだけにアドフラウド対策を任せるのではなく、広告主自身が広告事業者と広告配信の状況等について密に連絡を取り合うことが重要である。そのためには、広告主が広告事業者と契約を締結する際に、具体的にどのような対策ツールを導入し運用することとしているのか、運用内容はどのようなものか、どのような範囲で広告主への報告義務があるのか、義務を怠った場合の責任追及の方法、アドフラウド被害が生じた場合の責任の分担等、あらかじめ契約書に具体的な対策や責任の所在を明確に盛り込んでおくことが必要である。

⑶　配信先の選別

　広告主としてはなるべく宣伝効果が期待できる媒体にだけ広告配信をするということも重要となる。そのためには広告事業者が有していることが多い、特定のサイトドメインへの広告配信を制限するブロックリストや、特定のサイトドメインにだけ広告配信をするセーフティリストの活用が有益である。ブロックリストに関してはリストの構築を広告事業者に任せきりにしておくのではなく、広告配信の状況を広告事業者から報告してもらう中で、広告主自身が追加・更新していくことが望ましい。また、プライベート・マーケット・プレイスを活用するというのも1つの手段である。これはコンテンツの質が担保されている優良媒体のみに対して配信され

る仕組みが確保されている広告配信方法のことをいい、信頼性の高い広告媒体で構成されているため、広告主としても配信先を確認しやすく、アドフラウドだけではなくビューアビリティの観点からも有用な選択肢であるといえる。入札性ではなく固定単価性の広告枠もあり、コストが高めになるというデメリットもあるが、このような広告配信手段を採る際には、広告事業者と契約を締結する際にプライベート・マーケット・プレイスのみを配信先の対象とすることを明記しておく必要がある。

（林）

Q
43 景表法の広告規制に違反した場合

景表法の広告規制に違反した場合どのようなことが起きるの
でしょうか。

A 景表法の広告規制に違反した場合、措置命令や課徴金納付命令
だけでなく、適格消費者団体による差止請求の対象にもなりうる
他、令和5年改正景表法によって優良・有利誤認表示は刑事罰の
対象となる。

解説

① 措置命令

(1) 措置命令の内容

景表法に違反する不当な表示や、過大な景品類の提供が行われている疑
いがある場合、消費者庁等の景表法執行当局は、調査を実施し、その結
果、違反行為が認められた場合、当該行為を行っている事業者に対し、措
置命令を行うことができる。

例えば、不当表示があった場合の措置命令の内容は、一般論として、①
景表法違反である表示の差止め、②一般消費者の誤認解消を目的とした周
知、③再発防止策を講じ、従業員等に対して周知徹底すること、④同じま
たは類似の商品・サービスに関し同様の表示をしないこと、⑤①から③の
命令によって講じた措置を執行当局に報告すること等が命ぜられる。

なお、景表法に基づく措置命令が行われた場合、執行当局のHPにおい
て措置命令が行われた事実が公表されるほか、事案によっては大々的に報
道されることにより、事業者のレピュテーションに与える影響は非常に大
きい。

(2) 措置命令に従わない場合の罰則

事業者が、措置命令が出されたにもかかわらず、その命令に従わない場合、2年以下の懲役または300万円以下の罰金が科されることとなる他（景表46条1項）、両罰規定として3億円以下の罰金が科される（景表49条1項1号）。

② 課徴金納付命令

(1) 課徴金納付命令の内容

景表法では、優良誤認表示（景表5条1号）または有利誤認表示（景表5条2号）に該当する表示を行った場合、**課徴金納付命令**の対象となりうる。

課徴金納付命令が出された場合、事業者は課徴金対象行為に係る課徴金対象期間に行った取引によって得られた売上額の3％に相当する額の課徴金を支払わなければならない。令和5年景表法改正によって、違反行為から遡り10年以内に課徴金納付命令を受けたことがある事業者に対し、課徴金の額を加算（1.5倍）する規定が新設されている。なお、課徴金納付命令についても措置命令と同様に公表がなされる。

(2) 「課徴金対象期間」の算定

「課徴金対象期間」は，次の①または②の期間であり、当該期間が3年を超えるときは、当該期間の末日から遡って3年間となる（景表8条2項）。

① 原則：「課徴金対象行為をした期間」

② 例外：「課徴金対象行為をやめた日」から(a)6か月を経過する日、または、(b)「不当に顧客を誘引し、一般消費者による自主的かつ合理的な選択を阻害するおそれを解消するための措置として内閣府令で定める措置」をとった日のいずれか早い日までの間に当該「課徴金対象行為に係る商品または役務の取引をした」場合：課徴金対象行為をした期間に、当該「課徴金対象行為をやめてから最後に当該取引をした日までの期間」を加えた期間

すなわち、事業者が、課徴金対象行為をやめた日より後に課徴金対象行

為に係る商品または役務の取引をしていない場合は、「課徴金対象期間」
は「課徴金対象行為をした期間」と同一期間となる。他方、事業者が課徴
金対象行為をやめた日より後に課徴金対象行為に係る商品または役務の取
引をした場合は、課徴金対象行為をやめた日から6か月を経過する日また
は一般消費者の誤認のおそれの解消措置をとった日のいずれか早い日まで
の間においていつまで取引をしていたか否かによって、課徴金対象期間が
異なることとなる。

（「景品表示法への課徴金制度導入について」平成28年　消費者庁 表示対策課）

(3)　課徴金納付命令が発出されない場合

　事業者が課徴金対象行為をした場合であっても、当該事業者が、「課徴
金対象行為をした期間を通じて」、自ら行った表示が景表法8条1号また
は2号に該当することを「知らず、かつ、知らないことにつき相当の注意
を怠つた者でないと認められるとき」は、消費者庁長官は、課徴金の納付
を命ずることはできない（景表8条1項ただし書）。

　また、景表法8条1項の規定により算定した課徴金額が150万円未満
（課徴金対象行為に係る商品または役務の売上額が5,000万円未満）であるとき
は、消費者庁長官は課徴金の納付を命ずることができない（景表8条1項
ただし書）。逆に、5,000万円以上である場合は（自らの不当表示該当性につ
いて「知らず、かつ、知らないことにつき相当の注意を怠つた者でないと認め
られる」場合を除き）、消費者庁長官は課徴金納付を「命じなければならな
い」とされており（景表8条1項柱書本文）、必ず課徴金納付命令が下され
ることとなる。

(4) 確約手続

　令和5年景表法改正法によって**確約手続**が導入される。確約手続の一連の流れは以下のとおりである。

　事業者が景表法4条または5条の規定に違反する行為がある、または、行ったと疑うに足りる事実がある場合、内閣総理大臣は、その疑いの理由となった行為について、一般消費者による自主的かつ合理的な商品および役務の選択を確保する上で必要があると認めるときは、措置命令や課徴金納付命令の弁明の機会を付与する前に限り、当該違反の疑いのある事業者に対し、当該違反行為の概要等を記載した書面を通知することができる。

　当該通知を受けた事業者は、当該違反行為の影響を是正する必要な是正措置計画を申請し、内閣総理大臣から認定を受けることができ、当該事業者が認定を受けた場合、認定取消しがされない限り、当該行為について、措置命令および課徴金納付命令が課されないことなる（景表26条から33条まで）。

　なお、独占禁止法の確約手続は、認定された確約計画の公表しており、景表法においても、是正措置計画等の認定がされた場合には、公表されることが想定される。これを契機にして、適格消費者団体による返金等に係る問い合わせ等が行われる可能性もあることには留意すべきである。

③ 罰則規定

　令和5年景表法改正によって、優良誤認表示・有利誤認表示をした事業者に対し、直罰を科す規定が新設された（景表48条）。そのため、今後、優良・有利誤認表示に当たる行為をした場合、100万円以下の罰金の対象となりうる。なお、おとり広告やステマ等の指定告示に係る表示は、直罰対象ではない。

　そして、同改正では、法人の両罰規定も新設されている（景表49条1項2号）。

④　適格消費者団体による差止請求

⑴　概　要

　適格消費者団体とは、不特定かつ多数の消費者の利益を擁護するため、内閣総理大臣の認定を受けた消費者団体のことをいう（消契2条4項）。適格消費者団体は、事業者に対して消契法、景表法、特商法および食品表示法に違反する行為を対象とした差止請求を行うことができる。

⑵　差止請求までの手続

　一般的に、適格消費者団体は、消費者からの情報提供等を端緒として、事業者に対して、事業内容や商品・サービスの事実確認や、事業者が行う営業活動に関する法解釈について問合せを行う。そして、当該問合せに対する事業者の回答を踏まえ、対象行為の改善等を求める申入れを行う。

　事業者はこの申入れに対応する義務があるわけではないが、適格消費者団体は、申入れ等をしたにもかかわらず改善がみられない場合、書面による事前の差止請求（消契41条）を行った上で、当該書面が到達して1週間以上経過した後に差止請求訴訟を提起することができる。

　この差止請求の判決等については、消費者庁のホームページで公表される（消契39条1項）。

　また、適格消費者団体のホームページでは判決等だけではなく、その過程での申入れの事実、申入れに対する事業者からの回答について公開されることがあるため、適格消費者団体からの申入れに対する回答の内容には、公開されることを念頭に細心の注意を払う必要がある。

⑶　適格消費者団体による要請、事業者の開示努力義務

　令和5年景表法改正によって、適格消費者団体は、事業者が現に行っている表示が優良誤認表示行為に該当すると疑うに足りる相当な理由がある場合、当該表示の合理的根拠資料の開示を法的に要請できるとする規定が新設された。要請を受けた事業者は、合理的根拠資料に営業秘密（不競2条6項に規定する営業秘密）が含まれる場合その他の正当な理由がある場合

を除き、前項の規定による要請に応じるよう努めなければならない。

⑤ その他

　事業者が景表法違反となる表示を行った場合、事業者の役員等は会社法上の責任追及（会社423条１項等）をなされるおそれもある。実際、措置命令がなされた事案で、当該事業者の役員の善管注意義務違反を主張する株主代表訴訟（会社847条１項）が提起された例もある。

（越田）

事項索引

──────── **ま行** ────────

──────── **や行・ら行** ────────

●本書執筆等担当者

池田　毅（いけだ・つよし）

池田・染谷法律事務所 代表弁護士（第一東京弁護士会所属）

ニューヨーク州・カリフォルニア州弁護士

2002年　京都大学法学部卒業

2003年　弁護士登録（56期）

2005〜07年　公正取引委員会事務総局 審査局

2008年　カリフォルニア大学バークレー校ロースクール修了（LL.M.）

2018年　池田・染谷法律事務所設立

主要著作：

『全訂版ビジネスを促進する独禁法の道標』（共編著、第一法規、2023年）

『下請法の法律相談』（共編著、青林書院、2022年）

『論点体系独占禁止法』（共著、第一法規、2021年）など

　担当：本書全体の監修

染谷　隆明（そめや・たかあき）

池田・染谷法律事務所 代表弁護士（東京弁護士会所属）

2009年　専修大学法科大学院法務研究科修了

2010年　弁護士登録（63期）

2014〜16年　消費者庁

2018年　池田・染谷法律事務所設立

2023年　国民生活センター商品・テスト分析評価委員会専門委員

主要著作：

『基本講義消費者法〔第5版〕』（共著、日本評論社、2022年）

『詳説　景品表示法の課徴金制度』（共著、商事法務、2016年）

　担当：本書全体の監修

福島　紘子（ふくしま・ひろこ）

池田・染谷法律事務所 弁護士（第一東京弁護士会所属）

2000年　東京大学教養学部卒業

2002年　東京大学大学院総合文化研究科修士課程修了

2005〜07年　外務省 経済協力局（当時）在モロッコ日本国大使館

2009〜12年　外務省 総合外交政策局

2016年　東京大学大学院法学政治学研究科修了

2020年　弁護士登録（73期）
　　　　池田・染谷法律事務所入所
主要著作：
「The Legal 500: Country Comparative Guides Japan ADVERTISING & MARKETING」（共著、2023年、The Legal 500）
「Chambers Merger Control 2023 Global Practice Guides」（共著、2023年、Chambers and Partners）
「〈特集〉販促・プロモーション法務『知っておくべき表示規制』」会社法務A2Z VOL2022-12（共著、2022年、第一法規）
　　担当：本書全体の編集、Q4、Q17、Q34、Q35、column画像利用・引用の留意点

林　紳一郎（はやし・しんいちろう）

池田・染谷法律事務所 弁護士（第一東京弁護士会所属）
2014年　明治大学法学部法律学科卒業
2016年　中央大学法科大学院修了
2017〜21年　公正取引委員会事務総局（調整課、審査局、経済調査室を歴任）
2022年　弁護士登録（75期）
　　　　池田・染谷法律事務所入所
主要著作：
「『データ市場に係る競争政策に関する検討会』報告書について」公正取引2021年9月号（851号）（共著、公正取引協会、2021年）
　　担当：本書全体の編集、Q37、Q42

松本　恒雄（まつもと・つねお）

池田・染谷法律事務所 客員弁護士（東京弁護士会所属）
一橋大学名誉教授
1991年　一橋大学法学部教授
2009年　一橋大学法科大学院長
2009〜11年　内閣府消費者委員会委員長
2013〜20年　独立行政法人国民生活センター理事長
2015年　一橋大学名誉教授
2020年　池田・染谷法律事務所入所
2021年　弁護士登録（平成16年改正前弁護士法5条）
2023年　日本広告審査機構（JARO）審査委員会委員長

主要著作：

「デジタル社会における消費者法制の比較法研究（リサーチ・ディスカッション・ペーパー）」（共著、消費者庁、2023年）

『新しい消費者契約法・消費者裁判手続特例法 解説＋全条文寄附不当勧誘防止法収録、」（共編著、三省堂、2023年）

『グローバリゼーションの中の消費者法』（信山社、2023年）など

　　担当：本書全体の編集

小島　吉晴（おじま・よしはる）

池田・染谷法律事務所 客員弁護士（第一東京弁護士会所属）

1981年　東京大学法学部卒業

2004〜05年　東京地方検察庁 特別捜査部副部長

2007年　東京地方検察庁 特別公判部長

2012年　公安調査庁 次長

2016年　名古屋地方検察庁 検事正

2017〜22年　公正取引委員会委員

2022年　池田・染谷法律事務所入所

　　　　弁護士登録（35期）

　　担当：本書全体の編集

李　明媛（り・みょんうぉん）

池田・染谷法律事務所　弁護士（第一東京弁護士会所属）

2016年　慶應義塾大学法学部法律学科卒業

2020年　慶應義塾大学大学院法務研究科修了

2022年　弁護士登録（75期）

　　　　池田・染谷法律事務所入所

2023年　パリ弁護士会主催の研修「Stage International」参加

主要著作：

「Chambers Merger Control 2023 Global Practice Guides」（共著、Chambers and Partners、2023年）

　　担当：本書全体の編集

川﨑　由理（かわさき・ゆり）

弁護士法人池田・染谷法律事務所 法人パートナー（東京弁護士会所属）

2002年　慶應義塾大学法学部卒業

2008年　中央大学法科大学院修了

2009～11年　東京地方検察庁 検事
2011～13年　福井地方検察庁 検事
2015～16年　消費者庁
2019年　弁護士登録（62期）
　　　　　池田・染谷法律事務所入所
主要著作：
「〈特集〉販促・プロモーション法務『知っておくべき表示規制』」会社法務A2Z 2022年12月号（共著、第一法規、2022年）
　　担当：Q12、Q19、Q20、Q22

安井　綾（やすい・あや）

池田・染谷法律事務所 弁護士（東京弁護士会所属）
1996年　上智大学法学部卒業
2003年　弁護士登録（56期）
2010年　コロンビア大学ロースクール修了（LL.M.）
2020年　池田・染谷法律事務所入所
主要著作：
「GLI Global Legal Insights Merger Control 2023」（共著、Global Legal Group、2023年）
「Chambers Merger Control 2023 Global Practice Guides」（共著、Chambers and Partners、2023年）
「Information Exchange and Related Risks – A Jurisdictional Guide」（共著、Concurrences、2022年）
　　担当：Q11、Q23、Q26、Q30、column独禁法・下請法違反の効力

土生川　千陽（はぶかわ・ちはる）

池田・染谷法律事務所 弁護士（東京弁護士会所属）
2004年　中央大学法学部卒業
2006年　京都大学法科大学院修了
2014～15年　消費者庁 表示対策課
2018～19年　経済産業省 経済産業政策局 知的財産政策室
2019～21年　公正取引委員会事務総局 審査局
2021年　弁護士再登録（61期）
　　　　　池田・染谷法律事務所入所
主要著作：
「Chambers Merger Control 2021 Global Practice Guides」（共著、Chambers and

Partners、2021年）

　担当：Q1、Q2、Q21、Q27、Q36

田中　孝樹（たなか・こうき）

内閣官房デジタル市場競争本部事務局

2007年　京都大学法学部卒業

2009年　京都大学法科大学院修了

2020年　池田・染谷法律事務所入所

2022年　内閣官房デジタル市場競争本部事務局（出向）

　担当：Q31、Q32、Q40

細川　日色（ほそかわ・ひいろ）

池田・染谷法律事務所 弁護士（東京弁護士会所属）

2011年　東京大学法学部卒業

2013年　東京大学法科大学院修了

2015年　弁護士登録（67期）

2022年　池田・染谷法律事務所入所

主要著作：

「200号記念特集：マルチアングルで迫る　会社法の探究：自由競争経済の主役である『会社』に対する独占禁止法の規律」会社法務A2Z 2024年1月号（共著、第一法規、2023年）

「Chambers Merger Control 2022 Global Practice Guides」（共著、Chambers and Partners 、2022年）

「海外注目事例からみえてくる　競争法実務の着眼点（第23回）米国：プラットフォームビジネスにおける競争促進効果の検討のあり方　Epic Games v. Apple (Case No.4:20-cv-05640-YGR (N.D. Cal. Sept, 10, 2021))」NBL1212号（共著、商事法務、2022年）

　担当：Q3、Q5、Q13、Q16

今村　敏（いまむら・さとし）

池田・染谷法律事務所 弁護士（第一東京弁護士会所属）

2010年　京都大学工学部工業化学科卒業

2013年　大阪大学大学院高等司法研究科修了

2016年　弁護士登録（68期）

2016〜17年　大阪大学知的財産センター 特任研究員（2017特任助教）

2017〜20年　総務省 総合通信基盤局

2021年　池田・染谷法律事務所入所
主要著作：
『デジタルプラットフォームの法律問題と実務』（共編著、青林書院、2021年）
『オンラインビジネスにおける個人情報&データ活用の法律実務』（共編著、ぎょうせい、2020年）
　担当：Q6、Q7、Q8、Q28、Q41

山本　宗治（やまもと・むねはる）

弁護士法人池田・染谷法律事務所 大阪オフィス代表（大阪弁護士会所属）
2012年　京都大学法学部卒業
2014年　京都大学法科大学院修了
2015年　弁護士登録（68期）
2022年　カリフォルニア大学ロサンゼルス校ロースクール修了（LL.M.）
　　　　弁護士法人池田・染谷法律事務所入所
主要著作：
「The Legal 500: Country Comparative Guides Japan ADVERTISING & MARKETING」（共著、2023年、The Lagel 500）
「GLI Global Legal Insights Merger Control 2023」（共著、2023年、Global Legal Group）
「Chambers Merger Control 2023 Global Practice Guides」（共著、2023年、Chambers and Partners）
　担当：Q10、Q14、Q15、Q38、Q39

宮内　優彰（みやうち・ひろあき）

池田・染谷法律事務所　弁護士（東京弁護士会所属）
2014年　京都大学法学部卒業
2016年　神戸大学大学院法学研究科修了
2017年　弁護士登録（70期）
2021年　池田・染谷法律事務所入所
2022年　消費者庁 取引対策課（出向）
2024年　池田・染谷法律事務所復帰
主要著作：
『新しい事業報告・計算書類全訂第2版、──経団連ひな形を参考に』（共著、商事法務、2022年）
「Cases and Precedents: Mergers – Japan」（共著、Global Competition Review、2021年）

担当：Q24、Q25、Q29

越田　雄樹（こした・ゆうき）

池田・染谷法律事務所 弁護士（第一東京弁護士会所属）

2015年　國學院大學経済学部経済学科卒業

2018年　東京大学大学院法学政治学研究科修了

2019年　弁護士登録（72期）

2020年　池田・染谷法律事務所入所

2023年　大阪大学 国際医工情報センター メディカルデバイスデザインコース修了

主要著作：

「広告と表示の問題、ステマ規制の導入」消費者法ニュース第138号（共著、消費者法ニュース発行会議、2024年）

「Cases and Precedents: Mergers – Japan」（共著、Global Competition Review、2021年）

担当：Q 9 、Q18、Q33、Q43、Column DPS/SSP

● 編著者紹介

池田・染谷法律事務所

規制官庁や企業法務等、多彩なバックグラウンドを有する弁護士が、独占禁止法・消費者法をツールとして使いこなして依頼者に価値あるサービスを提供する、2023年に設立5年を迎えた新しい時代の法律事務所。一般的な法律相談や案件対応の依頼に対するサービス提供に加え、企業ニーズの高い法的サービスをパッケージ化した各種サービスを用意している。

〒100-0006　東京都千代田区有楽町2-7-1
　有楽町イトシア16階
　TEL. 050-1745-4000 / FAX. 03-6261-7700

デジタル広告法務
―――実務でおさえるべきFAQ

2024年4月11日　初版第1刷発行

編 著 者　　池田・染谷法律事務所

発 行 者　　石　川　雅　規

発 行 所　　鸞 商 事 法 務
　　　　　　〒103-0027　東京都中央区日本橋3-6-2
　　　　　　TEL 03-6262-6756・FAX 03-6262-6804〔営業〕
　　　　　　TEL 03-6262-6769〔編集〕
　　　　　　https://www.shojihomu.co.jp/

落丁・乱丁本はお取り替えいたします。　　印刷／そうめいコミュニケーションプリンティング
©2024 池田・染谷法律事務所　　　　　　　　Printed in Japan
　　　　　　　　　　　Shojihomu Co., Ltd.
　　　　　ISBN978-4-7857-3100-7
　　　　　＊定価はカバーに表示してあります。